鹤壁市山城区石林镇石林中心校校本

红色石林

HONGSE SHILIN

魅力家乡

MEILI JIAXIANG

高海娜 —— 主编

民主与建设出版社

·北京·

© 民主与建设出版社，2019

图书在版编目（CIP）数据

红色石林　魅力家乡 / 高海娜主编. — 北京：民
主与建设出版社，2019.10
ISBN 978-7-5139-2648-5

Ⅰ. ①红… Ⅱ. ①高… Ⅲ. ①地方文化—鹤壁—中小
学—乡土教材 Ⅳ. ①G634.591

中国版本图书馆CIP数据核字（2019）第200072号

红色石林　魅力家乡
HONGSE SHILIN MEILI JIAXIANG

出 版 人	李声笑
主　　编	高海娜
责任编辑	刘　芳
封面设计	姜　龙
出版发行	民主与建设出版社有限责任公司
电　　话	（010）59417747　59419778
社　　址	北京市海淀区西三环中路10号望海楼E座7层
邮　　编	100142
印　　刷	北京虎彩文化传播有限公司
版　　次	2022年6月第1版
印　　次	2022年6月第1次印刷
开　　本	710毫米×1000毫米　　1/16
印　　张	8.75
字　　数	158千字
书　　号	ISBN 978-7-5139-2648-5
定　　价	45.00元

注：如有印、装质量问题，请与出版社联系。

编 委 会

主　　编：高海娜

副 主 编：程富军

编　　委：高海娜　程富军　李秀琴　胡玉萍

　　　　　琚瑞玲　王红卫

前　言

亲爱的同学们：

你们好！在太行山区有一个红色小镇——石林，地处河南省鹤壁市东部。

石林，历史悠久，底蕴深厚；石林，资源丰富，人杰地灵；石林，区位优越，四通八达；石林，生态隽美，山清水秀……

《红色石林　魅力家乡》这本书包括"文化名镇·根深人淳""红色传承·开拓创新""红土名景·风光无限""红土名校·雏鹰起飞""五彩石林·乐水小镇""富美山城·魅力家乡"六章，生动、翔实地介绍了石林镇的文化传统、红色历史、学校发展和家乡愿景。根据学生的年龄特点，每章的每一课中又有"石林频道""知识链接""说一说、做一做""小小考察员"等几个层次。让学生在阅读思考和实践活动中了解家乡，培养热爱家乡的情感，成为家乡乃至祖国灿烂文化的传承者和建设的主力军。

亲爱的同学们，你们是祖国的未来，是家乡的希望。作为鹤壁市山城区石林镇的少年，你们应当了解家乡的历史，担当起建设家乡的重任。

我相信，有同学们对魅力家乡深深的爱，红色石林的明天一定会更加的多姿多彩，更加娇俏！

为你们编书的大朋友们：

高海娜、程富军、李秀琴、胡玉萍、琚瑞玲、王红卫

目 录

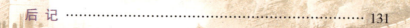

第一章
文化名镇·根深人淳

　　石林镇作为文化名镇，历史悠久，文化灿烂，地理风貌和风土文化独特，历史和人文历史两种文化特色兼具。既有唐寺、宋庙、清民居等古建筑的古色古香，又有运筹帷幄、扭转战局、决胜千里的革命史迹。

红色石林——挺进广场

名镇渊源

鹤壁市山城区石林镇位于鹤壁市北部，西依巍巍太行，南临悠悠淇水。

名称由来 有据可依

石林之名源于唐贞观二十年的法隆寺。该寺规模宏大，气势雄伟，由四大天王殿、中佛殿、菩萨殿组成，寺内碑刻林立，当地人称此地为释林。正因为此，法隆寺所在的村落得名释林，后取其谐音，易名石林。

原石林村有东、中、西三个小村落组成，人们习惯将这三个村称为东石林、中石林、西石林，现为三个行政村。

石林，1958年建石林公社，1985年改乡，2010年改镇。

知识链接

据《汤阴县志》记载，唐贞观二十年（804），在县西（今石林）一带建法隆寺。从法隆寺寺院尚存的《大清乾隆十九年法隆寺重修中佛殿碑记》中可知，这里寺院鳞次栉比，古碑石刻繁多如林，所以当地人称此地为"释林"。

明清《汤阴县志》复印本图

石林的发展

石林镇位于山城区东部，占地96平方公里，人口5.35万人，传统以农业生产为主，耕地面积6.2万亩，主产小麦、玉米。近几年，石林镇经济快速发展，基础设施日臻完善，投资环境不断优化，社会事业全面进步，人民群众生活水平日益提高。逐渐形成了以柳江畜禽有限公司为龙头的蛋鸡养殖基地、以豫兴煤机有限公司为龙头的豫北最大的矿用绞车生产基地、以威尔斯（鹤壁）金属工业公司为龙头的金属镁生产基地、以新中源为代表的陶瓷生产基地和煤炭物流中心。建成了省林业厅重点推介的万亩精品林示范园区，取得了良好的经济效益、生态效益和社会效益，林木覆盖率达18.3%。

"全国重点镇"标志牌

石林的历史事迹

2005年4月，石林军事会议旧址被中共鹤壁市委宣传部列为"鹤壁市爱国主义教育基地"；《2005—2010年河南省红色旅游发展规划纲要》将其纳入"中原解放战争战地游"红色旅游精品线路，并列为全省第一批重点建设的二十六个红色旅游经典景区；2006年6月，省政府将其列为"河南省第四批重点文物保护单位"。2009年9月，石林镇被河南省人民政府命名为"第二批历史文化名镇"，2016年12月19日被国家发改委、中宣部、财政部、国家旅游局、国家文物局等14个部委联合命名为"全国红色旅游经典景区"，2018年1月被中共河南省委党史研究室授予"河南省中共党史教育基地"。

省级经典景区及文物保护等标志牌

德育小故事

岳母刺字——精忠报国

八百多年以前，河南省汤阴县岳家庄的一户农民家里生了一个小男孩。他的父母想：给孩子起个什么名字好呢？就在这时，一群大雁从天空飞过。父母高兴地说："好，就叫岳飞。愿吾儿像这群大雁，飞得又高又远。"这个孩子的名字就定下来了。

岳飞出生不久，黄河决口，滚滚的黄河水把岳家冲得一贫如洗，生活十分艰难。岳飞虽然从小家境贫寒，食不果腹，但他受母亲的教导，性格倔强，为人刚直。

一次，岳飞的几个结拜兄弟因为没有饭吃，要去拦路抢劫，他们来约岳飞。岳飞想到母亲平时的教导，没有答应，并且劝他们说："拦路抢劫、谋财害命的事情，万万不能干！"众兄弟再三劝说，岳飞也没动心。岳母从外面回来，岳飞把情况一五一十地告诉了母亲，母亲高兴地说："孩子，你做得对，人穷志不穷，咱不能做那些伤天害理的事！"

岳飞十五六岁时，北方的金人南侵，宋朝当权者腐败无能，节节败退，国家处在生死存亡的关头。一天，岳母把岳飞叫到跟前，说："现在国难当头，你有什么打算？""到前线杀敌，精忠报国！"岳母听了儿子的回答，十分满意，"精忠报国"正是母亲对儿子的希望。她决定把这四个字刺在儿子的背上，让他永远记着这一誓言。岳飞解开上衣，请母亲下针。岳母问："你怕痛吗？"岳飞说："小小钢针算不了什么，如果连针都怕，怎么去前线打仗！"岳母先在岳飞背上写了字，然后用绣花针刺了起来。刺完之后，岳母又涂上醋墨。从此，"精忠报国"四个字就永不褪色地留在了岳飞的后背上。

后来，岳飞以精忠报国为座右铭，奔赴前线，英勇杀敌，立下赫赫战功，成为抗金名将。

知识链接

老龙湾的传说

在石林镇的北面有个湾，叫老龙湾，它前有弯弯的流水，后有绵延的大山。春天鸟语花香；夏天柳荫成片，蛙鼓声声；秋天果实累累，五谷丰登。有道是，老龙湾，好地方，山清水秀显灵光。据说，谁得了此宝地，谁就能做皇帝。一天，唐太宗李世民与军师徐懋功、将军尉迟敬德扮作布衣游走天下，访民间疾苦。路过此地，他环视四周，不由得又惊又喜。喜的是大唐还有这么一个好地方；惊的是这里将有人和他争天下，又得是一场厮杀，生灵涂炭。尉迟将军也气得暴跳如雷，要把当地人斩尽杀绝，以除后患，但想到皇上是个有道明君，以仁治天下，便强压心头怒火，向徐军师请教。徐军师眉头一皱，计上心来，道："吾主万岁，依臣之见，不如在此修座庙宇，既能镇山压水，又能弘扬君名，还为百姓建了一所进香求愿之处，岂不三全其美？"唐太宗听罢，连声称赞，与尉迟将军会心地笑了。这样，一座庙宇便在笑声中建造起来，只

是经历的年代太久，当时的庙宇已经荒废了，唯有此传说尚存。

1. 石林这个名称是怎么来的？

2. 我们的家乡石林获得了哪些荣誉称号？

地理风貌

石林镇位于鹤壁市山城区东部，距离市区8公里处，北与安阳交界，南同鹿楼乡相连，东和汤阴县毗邻，302省道穿境而过，南北长约20公里，东西长约10公里，属丘陵地区，总面积96平方公里。全镇39个行政村，52个自然村，13 316户，人口53 500人，是一个工农业大镇。

地处丘陵　四季分明

石林镇地势西高东低，属浅山区向平原过渡的丘陵地带，海拔高度200米左右，属暖温带季风性气候，四季分明，阳光充足，气候温和。年平均气温13.4～14.0℃，年均降水量625～675毫米，全年无霜期222天。

交通枢纽　带动发展

石林镇地处中原腹地，东距京广铁路3公里，向北到北京不足五个小时车程，向南到新郑国际机场仅两个小时即可到达，交通便捷。山西中南部铁路通道是我国"十一五"铁路建设重点工程，是连接我国东西部重要的煤炭资源运输通道，也是世界上第一条按30吨重载铁路标准建设的铁路，还是国家中长期铁路网规划的重要组成部分，途经山西、河南、山东3省12市，起点为山西省吕梁市兴县瓦塘镇，终点为日照港，全长1260公里。该铁路通道在石林镇黑塔村设立一级站点，该站点是晋豫鲁铁路和京广铁路交汇处唯一一个大型铁路编组站。石林镇铁路、高速公路"双十字"大交通格局基本形成。

省级革命老区标志牌

天下第一桥的传说

天下第一桥位于石林镇西酒寺旧址南面，相传这座桥在古代连皇帝都知道。凡来相州汤阴县（建市前西酒寺归属汤阴县）任职的官吏，都要来这里游览一下风景，观赏一下这座石桥的风姿。

传说汤阴县过去很穷，朝廷上下的文武官员多不愿来此任职。鉴于这种情况，一天，皇帝对文武大臣们夸耀起汤阴及其风景来："汤阴是个好地方，有山有水有风光。西酒寺依山傍水，风景优雅，山水如画，美不胜收。此处有一百单一拱的桥，天下第一！一百单一拱，拱拱相连，恐怕要有几里地长哩！"大臣们听皇帝这么一说，都来了精神，心里想着："此桥一百单一拱，理所当然在普天之下首屈一指了。别说前去上任统管这个地方，就是前往一游，也不枉白活一世。"众人巴不得皇上慧眼识自己，让自己走马上任。

当时有个大臣，一听说汤阴有这个胜景，就心急得等不了了，他越想越觉得不如早点去观赏观赏。一下朝，就私下和几个要好的官员嘀咕起来，决定先一饱眼福再说。于是他们骑马的骑马、坐轿的坐轿，风尘仆仆来到西酒寺。

天下第一桥可真有意思呀！

在村南的一座石拱单孔桥上，他们站在桥上的古柏树荫下眺望四周，俯视桥下。但见此处上有蓝天白云，下有小桥流水，远处山坡翠绿，近处田间禾青，人们往来耕作，牛羊啃青撒欢儿，悠扬的山歌顺风飘来，优美动听极了。这眼前的一切如世外桃源，令人心醉。可天下第一桥在何处呢？他们四处乱瞅，就是看不见一百单一拱的桥的影子，派人四下去寻，也是没有着落。这时，一位老者下田路过这里，告诉他们脚下的石拱桥便是。众人听了，颇感迷惑不解，都怀疑自己的耳朵是否出了毛病，或者走错了地方。沉默了一会儿，头脑冷静了下来，大伙仔细观察这座石桥，但见一颗古老的翠柏长在石拱之上，偏北靠西的地方，斑驳的枝干弯弯曲曲，有个枝干不知怎的竟钻到桥眼儿里去了。众人这才明白，就这么个"一柏担一拱"啊。

德育小故事

程门立雪

北宋时期，福建将乐县有个叫杨时的进士。他特别喜好钻研学问，到处寻师访友，曾就学于洛阳著名学者程颢门下。程颢死后，又将杨时推荐到其弟程颐门下，在洛阳伊川所建的伊川书院中求学。

那时杨时已四十多岁，学问也相当高，但他仍谦虚谨慎、不骄不躁、尊师敬友，深得程颐的喜爱，被程颐视为得意门生，得其真传。

一天，杨时同一起学习的游酢向程颐请教学问，不巧赶上老师正在屋中打盹儿。杨时便劝告游酢不要惊醒老师，于是两人静立门口，等老师醒来。一会儿，天空飘起鹅毛大雪，越下越急，杨时和游酢却还立在雪中。游酢实在冻得受不了，几次想叫醒程颐，都被杨时拦住了。

直到程颐一觉醒来，才赫然发现门外的两个雪人！从此，程颐深受感动，更加尽心尽力地教杨时。杨时也不负众望，终于学到了老师的全部学问。

之后，杨时回到南方传播程氏理学，且形成独家学派，世称"龟山先生"。后人便用"程门立雪"这个典故来赞扬那些求学师门、诚心专志、尊师重道的学子。

小小考察员

同学们，近几年我们的家乡石林由农业镇转变成了工业镇，请你当个调查员，调查一下家乡都有哪些厂矿企业。

风土文化

石林镇是河南省第二批历史文化名镇，有着丰富多彩的风土文化。

剪纸艺术 中原奇葩

剪纸艺术源远流长。早在明清时期，剪纸艺术就在当地盛行，有着悠久的历史和广泛的群众基础，石林人用剪刀剪出了"河南省民间文化艺术之乡"的美誉。因为石林剪纸线条流畅、造型独特的特点，被中国美术家协会誉为"中原剪纸的一朵奇葩"。石林镇柏落、罗庄、南唐宋、郑沟四个村的剪纸艺术比较突出，尤其是柏落村，50岁以上的妇女大都会剪纸，该村村民刘树东的剪纸作品最出名。

省级文化之乡标志牌

石林镇剪纸艺人

石林镇剪纸代表作——《华北第一柏》

石林镇剪纸代表作——《孔子》

石林镇剪纸代表作——《黛玉葬花》

金龟舞 非遗艺术

在石林镇时丰村，有一个已经传承了200多年并于2009年列入"河南省非物质文化遗产"的民间艺术表演节目——金龟舞。传说古羑河经常发大水，泛滥成灾，危及乡里，村民以为是河里的老龟作怪，用纸剪扎成模型，演绎成逗引金龟、河蚌的舞蹈，以避灾驱邪。金龟舞现为河南省非物质文化遗产项目，正在申报国家级非物质文化遗产。

河南省非物质文化遗产——石林镇《金龟舞》

传统社火 代代传承

石林自古就有正月十五闹元宵的习俗，每年元宵佳节各村都有文艺活动。以村为单位的民间表演队表演节目，也叫出故事。其中石林、李古道、罗庄、耿寺等村的高跷、乐腔最为古老，耿寺村的高跷抬阁、寺望台的高跷、军王庄的抬花轿等最为精彩。

石林镇民间传统艺术（社火表演）——抬阁、高跷、抬花轿

乡村土布 备受青睐

在石林，过去"家家有纺车，户户来织布"。如今，农村炕头的老粗布也成为时尚元素。石林镇以南唐宋村为中心，开发了床上用品、睡衣等家纺制品，绿色环保，生态健康，备受市民青睐，也成为石林人发家致富的一条好路。

石林镇民间土布制作——纺车、织布机、土布

知识链接

六月送羊的由来

石林镇民间有每年农历六月外祖父母给外孙送羊的习俗。所谓送羊，并非送的都是活羊，大部分是用白面蒸的面羊。民间有"五月瞧娘，六月送羊"之说。

女儿结婚生子后，每年农历五月，备上烧饼、油条等四样礼品，携子回娘家看望双亲，称"瞧娘"。民间流传有"割罢麦子打完场，谁家闺女不瞧娘，瞧娘不是瞧娘，是让娘家去送羊"之说。六月由娘家用白面蒸成羊形面食24个（大、中、小羊各8个），兼有麻糖、水果、西瓜等夏季食品送到女儿家，谓之"送羊"。此举取"羊羔跪乳"之意，教育外孙长大成人要孝敬双亲。如外祖父母已故，由舅父、舅母送羊，民间有"妗不倒，羊不了"之说。送羊的时间一般在农历六月二十日之前，二十日之后送的羊称为"瘸羊"。有的只送三年，有的送到外甥结婚后，有的只要外甥在就一直送。

石林镇的"羊"

这里还有一段非常有趣的故事！

古时候，南山脚下住着一户人家，生下一子，爱如掌上明珠。这孩子自小任性使气，不服管教，直到十六岁还是顽劣异常，无法无天。家里人为这事好生着急。孩子的外祖父知道后，来到闺女家中询问。孩子的母亲说："这孩子一天天长大，可是既不爱干活又不爱读书，还不懂孝敬长辈，这样下去可怎么得了！"孩子的外祖父说："你把他交给我吧！"这位外祖父靠放羊为生，他给了外孙一支鞭子，让他每天跟着一块儿去放羊。时值夏令的一天午后，爷俩赶着羊在树荫下乘凉。孩子抬头看见大树杈上住着一窝乌鸦。老乌鸦往来奔忙，衔来活食一口口喂那幼鸦。他低头又见羊羔吃奶总是跪着衔住母羊的乳头。那孩子便问："这是怎么回事？"外祖父意味深长地说："现在是老乌鸦不辞劳苦喂小乌鸦，等小乌鸦长大了，老乌鸦飞不动时，小乌鸦也会一口口衔食来喂老乌鸦。小羊跪着吃奶是对妈妈的孝敬，感谢母亲的哺育之恩。瞧瞧它们多么懂事！"外孙听了这番话，低下了头。于是，他对外祖父说："今后一定好好听爸妈的话，做个有出息的人。"外祖父见他有悔改之意，便让他回去，还送给他一只羊。

你们家农历六月"送羊"吗？请给大家讲讲你"送羊"的经历。

从此以后，每年农历六月，外祖父都给他送去一只羊，以提醒他好好长进。可是，年年送一只活羊也没这个必要，后来就改为送蒸熟的面羊。街坊邻舍看见这个教育外孙的办法好，纷纷效仿。一传十，十传百，一代传一代，以致六月送羊也就成了民间的风俗。

说一说

1. 这些传说你都了解清楚了吗？请讲给你身边的人。

2. 你还知道哪些关于家乡的历史传说和典故？跟大家分享一下，看谁讲得最生动。

知识链接

虎头鞋的传说

进入寒冬腊月，寒风劲吹，石林镇不时能看到穿着连脚裤和虎头鞋的小宝宝。虎头鞋由鞋前脸上的虎头图案而得名。

穿虎头鞋的一般是一岁左右的婴幼儿。由于孩子穿的连脚裤都比较肥厚，需要宽大的鞋子和它配套，而虎头鞋正有这种特点，且有保护腿脚和保暖的作用。此时的孩子们跃跃欲试，想要走路但又离不开大人的搀扶。父母给孩子穿虎头鞋有利于孩子脚踏实地地迈开脚步。

石林镇民间工艺品——虎头鞋

当地老百姓将老虎视为心目中的保护神，长辈们希望儿孙长得虎里虎气、虎虎生威。民间有"头双蓝（取谐音'拦'，即拦住长大不夭折），二双红（红色寓意辟邪免灾），三双紫落成（意思是长大成人）"之说。有了蓝、红、紫三双不同颜色的虎头鞋，孩子必会安然无恙。还有"姨的鞋，姑的袜，妗妗买个花壳那（音，意为脖子上带的套圈）"的说法，即当姨的等到外甥长

到八个月时，要送一双亲手缝制的虎头鞋。

虎头鞋的由来有着源远流长的历史。传说淇河岸边有个姓石的船工，他乐于助人，为两岸人摆渡过河从不要钱。有一天，一位老奶奶冒雨过河请接生婆为即将生产的儿媳接生。谁知她刚走到河边就下起了大雨，风刮雨淋之中生了病。石姓船工看见了，将老奶奶搀扶到屋里休息，自己过河去替她请接生婆。雨过天晴，老奶奶的儿媳生了一个大胖小子。老奶奶千恩万谢，送了一张画给船工。画上画的是一个正在绣虎头鞋的俊俏姑娘。船工看了很喜欢，就将画贴到自己的茅屋里。从那以后，每当船工回到家里，总有一位漂亮的姑娘做好饭菜等他。原来，这姑娘是天帝的女儿，天帝派她下凡与船工结为夫妻。过了一年，他们生了个儿子，取名石虎。

问问自己的爸爸妈妈，你穿过虎头鞋吗？那可是长辈们对你们的爱呀！

几年过去了，人们都知道了船工娶画上的美女成亲的事情。这天，县官来到渡口，看见船工的妻子貌美，便起了坏心，想霸占为妾。船工的妻子见县官起了歹意，便收了凡身，回到画上。县官抢走了画，并把画贴在了床头。可是，不管县官怎样甜言蜜语地哄她，画上的美人就是不肯下来。年幼的石虎在家一直哭着要妈妈。送画的老奶奶告诉船工，让小虎的姑姑做双虎头鞋，小虎穿上它就一定能够找到妈妈。按照老奶奶的嘱咐，小虎的姑姑连夜做好了虎头鞋。小虎穿上鞋，立刻变得身轻如燕，向县衙飞去。见了县官，虎头鞋变成了老虎，咬死了县官。船工的妻子见儿子来救她，赶忙从画上跳了下来，带着小虎高高兴兴地回家了。

活动与实践

你会做"羊"吗？你小时候穿过虎头鞋吗？问问你的长辈"羊"和虎头鞋都是怎么做的，看谁做得好。

红色文化

豫北战役胜利结束后，刘邓大军来到石林村休整待命。1947年6月10日，刘伯承、邓小平两位首长在石林村法隆寺的中佛殿主持召开了晋冀鲁豫野战军的一次十分重要的会议，那就是使中国解放战争由战略防御转为战略进攻，从而影响整个战局的军事会议——石林会议。

据党史记载，石林会议的中心议题是贯彻中共中央、中央军委制定的"两翼钳制、中央突破、三军配合"的战略方针，会议对强渡黄河、歼灭鲁西南之敌、千里跃进大别山的作战部署进行具体安排。参加会议的有参谋长李达及各纵队首长陈再道、王近山、陈锡联、王宏坤、秦基伟、杜义德、曾绍山、郑国仲、阎红彦等20余人。

石林会议不仅揭开了解放战争战略进攻的序幕，也是千里跃进大别山准备阶段的一次重要会议，更为实现中华民族伟大复兴中国梦提供了强大的精神力量。

在中国近代史的长河中，石林会议赋予石林这块古老的土地深刻独特的人文底蕴。解放军的生活风采成为当地人民传颂不息的永久话题，同时也使石林大地上一座座古老建筑焕发出勃勃生机，给石林人民留下了宝贵的精神财富和丰富的红色人文景观。

石林会议因其召开的特殊背景及其承载的重大历史使命，使其成为一次具有重要历史意义的军事会议，不仅在中国人民解放军军史上，而且在中国共产党的历史上也具有一定地位。

石林会议旧址展厅一角

举行活动　庆祝纪念

　　每年的石林会议纪念日，石林人都在石林会议各景点举行大型庆祝纪念活动。以唱戏、集会（农产品交易会）和书写标语、扭秧歌、演民间故事等人们喜闻乐见的文化娱乐形式歌颂共产党的领导，缅怀革命先烈的丰功伟绩。70多年过去了，石林发生了翻天覆地的变化，人民过上了小康生活，村庄也大变了样，石林人民深切感恩党，心系人民军队。

石林会议旧址纪念碑

红色石林徽标

石林会议旧址展厅暨国防教育中心

石林人民的记忆

1947年6月，当年的晋冀鲁豫野战军（刘邓大军）在豫北战役基本结束之时，驻扎在现今的山城区石林镇石林村和周围的村子里休整待命。短短一个月的时间，和石林人民结下了深厚的军民情义。

石林的老人们提起刘邓大军都说："刘邓大军好着哩，是咱人民的子弟兵。""那兵好着哩，跟咱老百姓亲着哩。解放军见了咱都叫大爷、大娘、大哥、大嫂，还帮咱担水、扫地、割麦子，跟咱自己家人一样。""人家借东西都是规规矩矩，站门外喊：'大爷、大娘，俺用用你的什么什么东西。'用了东西都给钱，不白用。"

苗丕德（右一）讲述当年刘邓大军驻扎石林的情形（摘自《鹤壁日报》）

石林镇西石林村苗丕德（94岁）老人说起当年给刘邓大军运送粮食、送柴火的事情，依然滔滔不绝。"我那时26岁，是农民武装委员会主任。有人说首长要来这里开会，请我每天夜里给他们送粮食、蔬菜和柴火。"苗大爷指着两排低矮的平房告诉记者，"这里以前是个寺庙，名叫法隆寺。大军来的时候，院里、屋里铺满了发电报的电线。当时警戒很严，一般人不准进，因为门岗上有我的名字，只有我能进。过了十二三天，一位解放军战士给我结了账。第二天我再去，发现队伍已经开走了。"苗丕德说，当时他只知道是共产党的军队，但不知道是刘邓大军。

石林镇西石林村苗永昌（83岁）老人回忆："当年从法隆寺拉出来的电话线扯得各村都有，过路的时候，电话线就架高，从树上扯过去。还有的竖着铁杆，人家叫它无线电。村里小孩想上前看，村里干部交代都不让到跟前。"当年刘邓大军烧的柴火、吃的粮食和蔬菜等，大多数是石林村及周围村庄供给的。后来部队开拔到大青山（今汤阴县宜沟镇大青山村），有一天，当民兵们把从法隆寺四大天王殿拆下来的木料送到部队时，部队首长看到这些木料非同寻常，便当即询问木料的来源。当得知这些木料是从古庙上拆下来的情况后，部队首长当即表示，宁愿部队捡柴禾，也不能拆掉古庙。一位首长还写了封信，让运柴的民兵带回去交给村干部，并嘱咐一定要妥善保护寺庙。

石林镇西石林村的温庆贞老人（82岁）说："那时候我才20来岁，刘邓大军住在我家有20来个人。我那时候满身疥疮，疥疮传染很厉害，家里人就叫我住在小屋，天天送饭吃，不叫我出来。有一天，人家部队里的卫生员看见了，问咋回事儿，家里人就对他说了我的病情。卫生员听后说：'叫我看看。'随后就给我看了看，并拿了些药给我抹了抹，结果我的疥疮就好了。要不是人家部队，还不知道我会成什么样子，或许都活不到今天了。"

苗莲芝老人讲，她丈夫赵礼当年参加了50团，她和婆婆帮军队做被子、做军鞋。她一边回忆当年的情景，一边情不自禁地唱起了当年部队教唱的歌曲："西北风吹来哟，天气凉，胜利的红旗空中飘扬。全国人民得到解放，男女老少喜洋洋。就像阴天里又见到了太阳，就像这阴天里又见到了太阳。"

石林镇北唐宋村的郭树华回忆说："当时，村里的民兵全部组织起来支援前线，有的抬担架，有的救护伤员，就连妇女和老人也不例外。当时的北唐宋村作为临时战地医院，前方的伤员都抬到北唐宋救治，村里的妇女就担当起照顾伤员的任务。她们唱着'做军鞋上公粮，支应（照顾、照料的意思）彩号（伤病员）也应当'的歌，就像照顾自家亲人一样，细心照顾每一位伤员。"

中石林村村民王景和还谈起自己当年作为儿童团员时常在九门相照外边站岗，那时他们经常吃部队给的饼干和小米干饭等食物。他说，那时候他才十五、六岁，人长得又瘦又小，部队上的人都很关爱他，经常给他东西吃。

（根据2007年6月14日《淇滨晚报》文《千秋古刹历沧桑石林纪行》编纂）

说一说

作为新一代的石林人，你准备为家乡建设做点什么呢？

诗歌赏析

石林，注定是一首好诗

文|王世英（纯水无色）

是历史选择了石林，
还是石林选择了这首战火纷飞的史诗？
大后方，
是描绘逐鹿中原恢宏壮丽的画笔，
还是战地诗人的炮火青春？
"以寡敌多常胜之，
运筹独眼见神机"。
这是什么样的神勇雄才？
"求是举旗情炽烈，
击水南溟，再把雄关越"。
这又是怎样的革命情怀？

刘邓大军来了！
刘邓大军来了！
刘邓大军来了！
乡亲们奔走相告。
这支仁义之师，
走到哪里，
就把铁的纪律带到哪里。
"乡亲们吃什么我们就吃什么，
要及时给付菜钱和工钱"；
"干革命不能毁掉我们的文化，

要尊重信仰，保护好寺院文物"；

"离开时，

院子不打扫干净不走，

损坏的东西不赔偿不走，

借的东西不还清不走，

水缸不担满不走"！

一次次军民互助，

一家家亲人情浓。

一遍遍《叫声老大娘》，

唱不尽刘邓大军和石林人的鱼水深情。

从逐鹿中原的指挥部

设在石林的那一天起，

石林，

就不再是一个普通的地方。

十三天，

贯彻了党中央和毛主席制定的

"两翼钳制，中央突破，三军配合"的战略方针，

策划了由防御到反攻的秘密战术，

制定了挺进中原

千里跃进大别山的伟大计划。

首长们运筹帷幄，

决胜千里，

在石林

拉开了解放全中国的序幕！

豫北战场大反击的炮声，

炸开了中原上空厚重的黑云。

石林，释林，

这个以佛祖的名字命名的地方，

开始了在革命浴火中的涅槃之痛。

石林儿女发出悲壮的呼喊：
我们是农民子弟兵！
我们全民皆兵！
石林人和刘邓大军的热血一起，
在战火中燃烧。
汤阴解放了！
安阳解放了！
有多少成年和未成年的、
有名或无名的最可爱的人，
在那场战火中倒下，
又在石林村那棵千年柏的枝头永生！

1947年6月10日，
石林军事会议召开，
开辟了刘邓大军千里跃进大别山之路。
又一声惊天巨响，
漆黑的夜空被战火照亮了。

也许，
太壮烈的诗是写不得的。
第一行，
会写到17岁的无名烈士；
第两行，
就写到永别的新郎、
望穿秋水的母亲
和为了杀敌拼上一把老骨头的爷爷们；
第三行，
首长叮嘱建设烈士陵园永寄怀念的
那种高岸深谷的情怀，
更是不忍碰触啊！
写下去你会发现，

一行行铺陈开来的，
仍然是弥漫的硝烟、
震天的炮火，
是舍生忘死，
是牺牲的英雄们没有看到胜利的遗恨！
今天，
首长的声音还在，
战士们的脚印还在，
刘邓大军的精神
已经融入每个石林人的血液。
石林人将带着这种精神，
和石林千年神柏一起，
长在！
常青！

红色研学

文化墙

第二章

红色传承·开拓创新

　　1947年的夏天，在石林法隆寺召开了历史上十分重要的军事会议——石林会议，吹响了解放战争战略反攻的号角，拉开了解放全中国的序幕。为缅怀革命先烈的丰功伟绩，山城区改造提升石林会议旧址景区。在风光旖旎的汤水河畔，在刘邓大军走过的革命足迹里，红色石林的红色梦想将在这片红色大地上诞生、升起、腾飞。

石林会议旧址——法隆寺正门

石林会议旧址纪念馆

　　石林会议旧址纪念馆位于全国红色旅游景区——鹤壁市山城区石林镇。纪念馆于2017年12月建成对外开放，占地24余亩，共分三个展厅，分别为历史的回忆、辉煌的历程和挺进大别山。

石林会议旧址纪念碑

重温过去 回忆历史

第一展厅是历史的回忆，位于石林会议旧址院内，占地5 000平方米，主要包括军事作战室、刘邓首长办公室、军事设备展览室等，展陈各类图片总计500余张、革命文物300余件。展厅北墙是以"军魂"为主题的文化墙。墙上悬挂着众多首长的照片，并配以有关石林会议的文字说明。展厅东半部还原了当时召开石林会议的场景。展厅西半部以油画的形式描绘了豫北战役的场景。

石林会议旧址展厅一角

情景再现 辉煌历程

第二展厅是辉煌的历程，位于石林镇中石林村，占地3 000平方米，主要包括刘邓旧居、释林人家和将军柏。刘邓旧居展厅北墙悬挂着刘邓首长的合影，下面摆放的桌椅、柜子都是当年使用过的物品。

石林会议旧址展厅一角

永志不忘　不朽丰碑

第三展厅是挺进大别山，位于徽标广场北侧，占地8 000平方米，陈列分为战略态势、战略要地、战略决策、红色土地等四大部分十个单元。整个展厅以"红色石林"为主题布展，首先映入眼帘的是"不朽的丰碑"主题墙，诠释了石林会议重要的现实意义和深远的历史意义；北墙为图片墙，是按照刘邓大军在鹤壁以及中原的时间顺序布展的；东墙为"红色石林"主题墙；展厅中间放有织布机和纺车，织布机和纺车是西石林村军属苗修老人捐赠的，当年用它织出的布缝过棉被、做过军衣。

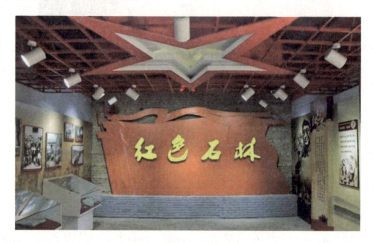

"红色石林"主题墙

石林频道

给自己的父母讲一讲，看看爸爸妈妈还知道哪些你不知道的刘邓大军的轶事。

刘邓大军在石林驻扎期间，打了很多胜仗。部队所到之处秋毫无犯，在群众中产生了极大的影响，大大激发了青壮年参军、参战、支前的积极性。不少青年在"参加解放军，解放全中国"的口号声中参军、参战。有结婚不久的青年妇女送丈夫上前线的，有父母送儿子参军的，还有兄弟争相参战的。据当时统计，鹿楼、石林、耿寺三个区参军的青壮年有200多人，参战民兵有1 500多人，出动担架400多副，支援军粮50多万斤。

军民鱼水歌

——刘邓大军在石林传唱的歌谣

叫声老大娘，听我把话讲，
今天来到您家乡，号您两间房；
叫声大娘优秀喂，号您两间房。
（老大娘说：您要给俺家弄脏了咋办？）

叫声老大娘，听我把话讲，
住到您家里，给您打扫光；
叫声大娘优秀喂，给您打扫光。
（老大娘说：俺担点水怕您住下不够喝。）

叫声老大娘，听我把话讲，
喝了您的水，给您挑满缸；
叫声大娘优秀喂，给您挑满缸。
（老大娘说：烧水俺还得去砍柴禾。）

叫声老大娘，听我把话讲，
烧了您的劈柴板儿，给您抵公粮；
叫声大娘优秀喂，给您抵公粮。
（老大娘说：你的衣裳撩了，叫俺给你缝缝。）

叫声老大娘，听我把话讲，
用用您的针和线，让俺缝缝旧军装；
叫声大娘优秀喂，缝缝俺的旧军装。
（老大娘说：您是俺的子弟兵，俺就应该把您亲。）

军民鱼水歌词

活动与实践

请同学们和自己的爷爷奶奶或者长辈一起去展厅走一走、看一看，听长辈给你讲一讲红色故事。

红色音符

　　石林会议旧址纪念馆自建成以来，共接待参观群众1 000余批次，30余万人次，是豫北开展党性教育、爱国主义教育和党史教育于一体的红色教育示范基地。每年五四青年节、七一建党节等重要节日，周边地市机关党员干部都会到此开展重温入党誓词、烈士纪念日公祭、万人长跑比赛等一系列纪念活动。

挺进广场七一宣誓

红色研学旅行

追忆历史　继往开来

　　为纪念石林会议召开71周年，2018年6月5日，石林镇举行了纪念石林会议召开71周年暨坚决打赢脱贫攻坚战工作诗歌朗诵会。

　　6月6日，山城区在石林会议旧址徽标广场开展了争做新时代、新担当、新作为"四有型"党组织负责人的党性专题教育活动。

徽标广场主题教育活动

你也去挺进广场上走一走、看一看，感受一下吧！

石林频道

刘邓首长旧居附近有一颗千年古柏，古柏青翠葱郁。当年，刘邓二人闲暇之余常在下面乘凉对弈。新中国成立后，石林人民十分怀念刘邓大军，时常在大柏树下回忆传唱。如今，《叫声老大娘》《将军槐》《绿色帐篷》等红色民谣和革命故事仍在人民群众中流传，红色历史资源已转化为触动心灵的生动读本。

华北第一柏下唱红歌的中石林村老年合唱队

丰富生活　积极健身

2018年4月，鹤壁市举办了2018年全民健身月启动仪式暨首届红色石林半程马拉松比赛。5月承办了2018年中国体育彩票全国象棋业余棋王赛"晨钟杯"河南赛区鹤壁市预选赛暨鹤壁市首届"鹤鸣湖杯"象棋公开赛。极大地丰富了人们的体育活动，营造了积极健康的体育健身氛围。

红色石林半程马拉松比赛

展现石林 红色宣传

为了让更多人了解刘邓大军的故事，重温刘邓大军在石林那段激动人心的革命历史，第五届中原（鹤壁）文博会推出了以"刘邓大军挺进大别山"为主线的红色旅游精品展。展馆展出了石林会议旧址、刘邓首长旧居、将军柏等红色旅游资源。

鹤壁红色文化旅游——石林展区

知识链接

护河灯的故事

很早以前，石林镇施古道村西北有条小河，河虽不大，但水流很急。河上有座小桥，桥虽不大，可也有几丈长。每到晚上，便有一盏小灯笼来回于桥上，为行人引路，人们都称它为护河灯。

说起护河灯，在施古道村民间流传着一个故事。很久以前，村里有个孩子叫望生。望生自幼父母双亡，孤身一人。八岁的时候，小望生被邻家一位老太太收养，这个老太太依靠几分薄田勉强活命。望生叫老太太为奶奶，老太太叫他生儿，祖孙俩相依为命，苦熬到望生13岁。这年的一天，奶奶病倒了。望生知道奶奶养活自己不容易，便在床前床后伺候。奶奶见望生小小年纪就这么懂事，更加心疼小望生了。

这天吃过午饭，奶奶把望生叫到床前说："生儿，看来奶奶的病好不了啦，这些天可真苦了你。来，拿着，这是奶奶纺线挣的几个钱，留着你以后用吧。"望生听到这话"哇"的一声哭了："奶奶你会好的，你会好的……""生儿，拿着吧，这也是奶奶的心意。"奶奶也止不住地流泪。望生哭着说："奶奶，我不要钱，我要奶奶！"奶奶吃力地拉着望生的手，把钱放在他手里，艰难地说："苦命的孩子，以后你要学会自己照料自己呀……"望生哭着哭着，看着手里的钱，眼睛一亮，有钱不就可以给奶奶买药了吗？想到这儿他就往外跑，一口气跑到村东头给人看病的周先生家。望生进门就喊："先生，我要给奶奶买药，您给开个方吧。"周先生一看是小望生，二话没说就跟他走了。望生看着周先生给奶奶诊脉、开方，觉得奶奶的病马上就要好似的，站在旁边用期待的目光看着周先生。奶奶看着小望生，心里有说不出的滋味，心想："傻孩子，咱穷啊，吃不起，你咋把先生请来了？"等周先生开完方，望生双手捧着刚才奶奶给他的钱，结结巴巴地说："先生，这钱就这些……我……我……我还得去给奶奶买药呢……"周先生摇摇头，苦笑着说："孩子，别说了，我再穷也不能收你家的诊费，看见有你这样的好孩子，比给我钱还高兴。望生，快去给奶奶抓药吧。"周先生又安慰了奶奶几句就走了。望生见周先生一走，拔腿就往外跑，奶奶喊他也没听见……

从施古道去镇上，必须经过村西北那条小河。早先木桥是随便过的，如今却不行了。本村有一霸，人称狠心狼，看到村里人去镇上必经木桥，西面、北面邻村的人到施古道也得过桥，所以他就打起了桥的主意。他以募捐修桥为名，在桥两头设了卡。不分男女老少，白天过桥每人两个钱，晚上必须使用他家的灯笼过桥，一次五个钱。有些拿不出钱的只好凫水过河，为此不知道淹死了多少人。望生走到桥头，听见一个人厉声喝道："过桥拿钱！"望生给奶奶买药心切，也没多想，递过去两个钱就往西跑去。他一口气走了十几里路，来到镇上，找到药铺，抓了药就往回走。等他走到河边，天已经黑透了。远远地听见河边有人在哭，哭得是那样凄惨。"准是又有人淹死了……"望生想着想着已走到了桥头。"站住，给你灯笼！"望生这才想起要五个钱过桥的事，他买药只剩下两个钱，饿了也没舍得在镇上买点东西吃。听说给灯笼，望生胆怯地把两个钱递过去，说："大叔，我就这两个钱了，让我过去吧，俺奶奶还等着吃药呢。""不行，没钱还想过桥？"守桥人恶狠狠地说。"行行好吧大叔，我就过这一次。"望生哀求说。"回去，你再往前走我就把你的腿打断！"守桥人说着，晃了晃手中的棍子。望生只好退回去了。

天越来越黑了，望生站在河边也越来越害怕。想着奶奶还在家等着自己，急得他直哭。夜深了，也没有行人过桥，守桥人坐在棚子里打盹儿。望生看了看棚子，又听了听声音，便壮着胆子，蹑手蹑脚地往桥上走，想偷偷过去。谁知，还没有走到桥中间就被守桥人发现了。"站住，不站住我就打死你！"那人喊着当真追了过来。吓得望生拔腿就跑，谁知前面还有人截，望生又往回跑。后边那人举棍就打，一棍子正打在他腿上。小望生"哎呀"一声，往前一栽，掉进河里……

第二天夜间，桥上便出现了一盏小灯笼。这小灯笼闪着蓝莹莹的火光，一晃一晃地直向守桥的草棚飘去，把几个守桥的人吓得直打哆嗦。狠心狼壮着胆子喊打，几个人抡起棍子乱打小灯笼。谁知道往这边打，它往那边去；往那边打，它往这边来。这小灯笼一会儿上，一会儿下，一会儿前，一会儿后，把几个守桥人弄得头晕眼花，一个个看着飘忽不定的小灯笼纷纷往河里跳。狠心狼和几个恶奴都被淹死了，从此谁也不敢在桥上设卡要钱了。唯有这盏小灯笼为夜行人过桥照路，人们都称它护河灯。老人们说，这只护河的小灯笼就是可怜的小望生变的。

写一写

你参加过或者观看过在石林镇举行的活动吗？能写一些你的感受吗？

诗歌赏析

红色石林

文|浪迹天涯

七十一年前的豫北战役和石林会议，
把广袤亘古的石林
染成了鲜红鲜红的颜色。
那位耄耋老人动情地回忆，
和依稀的记忆，
荡漾着红色的光芒。
就连那颗千年的苍柏、百年的皂角古树、七十一年的老槐，
都蔓延着红色的枝叶。

这座徽标，
是继承红色基因的山城人，
用执着和创新，
用速度和情怀，
在新时代创造的又一个全国第一：
三百家全国红色旅游经典景区，
第一个树立徽标的地方！
高耸入云、顶天立地的徽标，
不仅仅标志着
传承，
更是发扬和光大！

这座建于一九五八年的大礼堂，
在沉寂了一个甲子后，
终于又迎来了新生！
那年豪迈的雄心和激昂的壮志，
仿佛就在眼前；
那年震天的誓言和沸腾的激情，
宛若回到耳畔！

就连老人家的语录，
依旧亲切感人、
引人瞩目、
催人奋进！
您，
用智慧和鲜血
建立了新中国；
我们，
用继承和拼搏
进入了新时代！

在火红、激情、汹涌的燃烧中，
寂寞、空虚、失落、惆怅随风而去。
我们撸起袖子，
用激荡的呐喊、跌宕的旋律和高亢的歌唱，
唤回付之东流的青春和过往，
实现光荣、伟大、壮丽的梦想！

前进吧，
在崭新的时代，
在火红的石林！
不谈蹉跎，
只争朝夕；

不说沧桑，
只待辉煌！

石林人民公社大礼堂

新时代乡村论坛

第三章

红土名景·风光无限

法隆寺

法隆寺原坐北朝南，由天王殿、中佛殿、菩萨殿组成，各殿长、宽均10米，高6.5米，殿前有10米见方的观月台。在中佛殿东南角有一六合塔，该塔建于1087年，塔高13层，直径6米，塔身6角9级，高16米。塔顶安装有元宝盖，塔身各层均雕刻有活灵活现的各种佛像造型，每个檐角挂有一只铁铃，共78只，风吹铃响，十分悦耳。目前仅存建筑三座，分别是关帝庙、文昌庙和龙王庙。

石林会议旧址建筑现存建筑——关帝庙

石林会议旧址建筑现存建筑——文昌庙

 **说一说**

说一说古代法隆寺由哪几部分组成，现存哪几个主要建筑。

石林频道

法隆寺龙王庙系晚清建筑，位于法隆寺中轴线西，坐西朝东，长9米，宽5米，建筑面积45平方米。建筑工艺独特，脊檐两头各盘双兽，脊檐砖雕花纹精细华美，形态逼真。

石林会议期间，刘邓大军就是在这里接收及发送电报，并召开会议，研究部署军事行动。

石林会议旧址现存建筑——龙王庙

知识链接

黄沙洞

黄沙洞位于赖家河村青龙山上，山腰部从东至西并排有三个天然石洞，称"黄沙洞"。西面一洞，相传绕山转岭，与鹤壁集访子山相通。这里也是赖家河商周文化遗址的所在地，出土过大量文物。

黄沙洞

资料卡

访子山又名鹤山、乔山。传说公元前5世纪，东周灵王的太子景王（道号乔仙）一日驾白鹤临此山，观此处山清水秀，风景宜人，便长驻此山，恩泽庶民。日久，人称此为乔山。乔仙所乘白鹤常栖息于白云洞外的峭壁上，人又称此为鹤山。乔仙驻此长期不归，灵王差人寻访，故又称访子山。

访子山顶原有汉代建造的佛舍利宝塔，现存刻于明弘治十二年（1499）的重修访子山佛舍利宝塔碑，记载了访子山原古刹观音寺住持清福募四方施舍重修宝塔之事。据传，该塔造型结构、布局、工艺都独具匠心，为方圆百里之最。访子山山腰有深不可测的白云洞，洞前阶次建有各种庙宇殿堂建筑近20处，布局典雅，造型独特。访子山脚下的羑河南岸曾建有牟山战斗英雄纪念亭和光荣亭，后因地下采煤塌陷，亭中碑刻移放山城区烈士陵园。

石刻艺术

时丰村南羡河南岸悬崖上有一处村民称为大石炕的地方。大石炕平整光滑，下方有三米见方的摩崖石刻，隔河而望可见有"相州龙兴寺""唐""天"等字样。

时丰村大石炕摩崖石刻

法隆寺——石柱石刻

法隆寺石刻碑文

法隆寺石刻

中石林石刻古迹——排水道

时丰村古井石刻

耿寺村崇兴寺石刻官印

时丰村观音堂石碑

北唐宋顺行桥石碑

崇兴寺石刻罗汉坐

耿寺村崇兴寺石刻

 小小考察员

　　让我们利用节假日去会议旧址走一走、看一看，重温那段红色的历史吧！

九门相照

九门相照是石林古代民居建筑中最具特色的一种建筑形式。所谓九门相照，就是整个民居从前到后有三重院落，共九道门，在同一中心轴线上一字排开，门与门相照。建筑物结构一般采用石头地基，上部为砖木结构。

九门相照——刘邓首长旧居

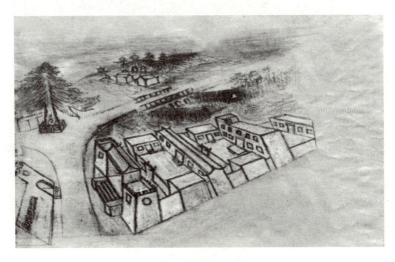

九门相照复原图

现存九门相照位于石林镇中石林村，清光绪五年由本村张姓大户人家建造，是省级文物保护单位。这是一处典型的清代民居，长80米，宽40米，建筑面积3 200平方米，院落式布局，坐南朝北，三重院落各自独立，中部留门相通，四围院墙高筑，利于防卫。

同学们，你们到过这里吗？说说你的见闻吧。

知识链接

九门相照的宅院门头高大，青砖蓝瓦，青石台阶，高门台，黑色木质大门。大门西侧建有高大的耳房岗楼。过大门到第一厢院，东西厢房三间对照，正房瓦房五间。穿过瓦房中间为第二厢院，院门顶头起脊，院落面积100平方米，东西厢房三间，正房楼五间，楼内木质楼梯可登至三楼顶部远眺四周。从一楼中过去到第三厢院，为平房住宅。

九门相照

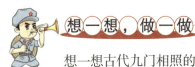

想一想，做一做

想一想古代九门相照的院落结构是什么样子的，请动笔画一画吧！

刘邓首长旧居

1947年6月，石林会议期间，刘邓两位首长曾居住这里。

刘邓首长旧居

九门相照现存两重院落，刘邓首长居住的院落保存完好。这是一座五间二层楼房，建筑宏伟，设施完备，门窗上部都装有石刻斗板，斗板上石雕图案、花纹精美华丽，四面房角安装石雕飞檐，形态奇异，建筑格局匀称合理，具有较高的建筑品位和审美价值。

九门相照外观图

小小考察员

一起去石林九门相照参观吧，体验一下革命先辈们的生活，感受他们的智慧，欣赏民间建筑造型的艺术美。

石林频道

军民鱼水情

据石林村的老人讲，刘邓大军来到石林以后，主动帮老百姓打扫院子、挑水、修房、看病、割麦子。当时，在石林这片红色热土上，军爱民、民拥军，军民亲如一家人的感人场景随处可见。石林当地流传有很多的红色歌曲，我们搜集整理了《叫声老大娘》《参军十劝》《担水歌》等六首。这是其中的一首：

《纳鞋底》

西北风吹哟，天气凉，姐妹们一起拥军忙。

如今是哟，咱们胜利了，胜利的红旗空中飘扬。

全国人民得解放，男女老少喜洋洋，喜洋洋，

就像乌云天儿里见了太阳，就像乌云天儿里见了太阳。

这些曾经传唱在山城的民间歌曲不仅感情真挚、曲调优美、内容朴实感人，同时也是一笔珍贵的文化遗产，从侧面记录了那一段珍贵的历史。我们有必要整理、保护，也可以重新在山城的大街小巷唱起来，这美丽的歌声定会成为我们山城一道亮丽的红色风景线。

德育小故事

孔子拜师

孔子年轻的时候就已经是远近闻名的老师了，但他总觉得自己的知识还不够渊博。三十岁的时候，他离开家乡曲阜，去洛阳拜大思想家老子为师。

曲阜和洛阳相距上千里，孔子风餐露宿、日夜兼程，几个月后终于走到了洛阳。在洛阳城外，孔子看见一驾马车，车旁站着一位七十多岁的老人，

穿着长袍，头发胡子全白了，看上去很有学问。孔子想："这位老人大概就是我要拜访的老师吧！"于是上前行礼，问道："老人家，您就是老聃先生吧？""你是——"老人见这位风尘仆仆的年轻人一眼就认出了自己，有些纳闷。孔子连忙说："学生孔丘，特地来拜见老师，请收下我这个学生。"老子说："你就是仲尼啊，听说你要来，我就在这儿迎候。研究学问你不比我差，为什么还要拜我为师呢？"孔子听了再次行礼，说："多谢老师等候。学习是没有止境的。您的学问渊博，跟您学习一定会大有长进的。"

从此，孔子每天不离老师左右，随时请教。老子也把自己的学问毫无保留地传授给他。人们更佩服孔子和老子的学问，也敬重他们的品行。

活动与实践

你还知道哪些石林当地流传的红色歌曲？让我们一起找一找、唱一唱吧！

千年古柏

在石林镇中石林村东头有一棵千年古柏，被当时的平原省命名为华北第一柏，也称千年古柏、三圣古柏。柏树高17米，胸围4.61米，胸径147.12厘米，冠幅15米。目前，此树树干笔直苍劲，枝繁叶茂，毫无衰败迹象。据考证，古柏已是1 458岁的高龄，为东魏孝静帝武定元年（543）由当地贫民王莫只栽种。林业专家认为，在整个华北地区，能历经千年风雨侵蚀而存活到今天的古柏树，目前仅此一棵。

晋冀鲁豫野战军驻扎石林期间，刘邓二位首长闲暇之余常在树下的大石棋盘上对弈聊天，故人们又称之为将军柏。

华北第一柏——将军柏

知识链接

三圣古柏

华北第一柏除了历史悠久外，还有许多传说。传说在远古时，曾有三位贤人隐居于此，在树下吟诗品茶，故此又被叫做三圣古柏。

让我们去古柏下走一走，在树下做做游戏，听老人讲一讲那里的故事吧！

说一说你看到的千年古柏是什么样子的。

将军岗

在石林村南有一个将军岗，原名双龙岗，也称洞顶岗。晋冀鲁豫野战军驻扎在石林期间，刘邓首长时常在此散步，登高远眺，村民遂将此岗更名为将军岗。时至今日，岗上峭壁中仍保存着当年的九株古柏，虽历经风霜仍傲然挺立，像勇士一样日夜守卫在将军岗周围。

位于中石林村南的将军岗

活动与实践

　　华北第一柏是一棵古树，更是一棵宝树，我们应该怎样保护它？请你为保护古柏设计一条标语。

石林频道

山城区烈士陵园

　　1947年6月，豫北战役胜利结束后，为纪念豫北战役中为国捐躯的革命烈士，特在石林镇东马村修建了烈士陵园。烈士陵园坐东朝西，总占地面积6 000平方米，建筑面积472平方米。园内建筑设施主要有烈士纪念碑、烈士墓和革命历史纪念馆等，环境幽静，格调肃穆，布局合理，主题深刻。

山城区烈士陵园

　　烈士纪念碑位于烈士陵园入口处，为方形白色水泥结构建筑，纪念碑上刻有"革命烈士永垂不朽"几个大字。经常有前来参观扫墓的单位、团体、学生等在纪念碑前宣誓、悼念。纪念碑后左右两侧是烈士墓，安葬有名烈士218人、无名烈士2 277人。

山城区烈士陵园

烈士墓后面是烈士纪念馆，馆内陈列着烈士的遗物和战争图片等。图片中详细介绍了烈士们的生平和英勇事迹，他们都是民族的骄傲、时代的精英、人民的功臣、不朽的丰碑，历史将永远铭记，其革命精神将世代传承。

山城区烈士陵园纪念碑

德育小故事

闻鸡起舞

晋代的祖逖是个胸怀坦荡、具有远大抱负的人，可他小时候却是个不爱读书的淘气孩子。进入青年时代，他意识到自己知识的贫乏，深感不读书无以报效国家，于是就发奋读起书来。他广泛阅读书籍，认真学习历史，从中汲

取了丰富的知识，学问大有长进。他曾几次进出京都洛阳，接触过他的人都说"祖逖是个能辅佐帝王治理国家的人才"。祖逖24岁的时候，曾有人推荐他去做官，他没有答应，仍然不懈地努力读书。

后来，祖逖和幼时的好友刘琨一起担任司州主簿。他与刘琨感情深厚，不仅常常同床而卧、同被而眠，而且还有着共同的远大理想，即建功立业，复兴晋国，成为国家的栋梁之材。

一次半夜里，祖逖在睡梦中听到公鸡的鸣叫声，他一脚把刘琨踢醒，对他说："别人都认为半夜听见鸡叫不吉利，我偏不这样想，咱们干脆以后听见鸡叫就起床练剑如何？"刘琨欣然同意。于是，他们每天鸡叫后就起床练剑，剑光飞舞，剑声铿锵，冬去春来，寒来暑往，从不间断。功夫不负有心人，经过长期的刻苦学习和训练，他们终于成为能文能武的全才，既能写得一手好文章，又能带兵打胜仗。祖逖被封为镇西将军，实现了他报效国家的愿望；刘琨做了都督，兼管并、冀、幽三州的军事，也充分发挥了他的文韬武略。

小小考察员

　　去村里找一些上了年纪的老人，听他们讲一讲解放汤阴的战役吧！

鹤鸣湖

　　鹤鸣湖位于石林镇东南部，紧邻西酒寺、郑沟、店庄、柏乐村。鹤鸣湖兴建于1958年，总库容6 500万立方米，水域面积1万余亩，有8个岛屿分布其中，是人工与自然的巧合。水面之大堪称豫北之最，景色秀丽，生态环境巧夺天工。

　　这里是我国北方库塘河流湿地的典型代表和鸟类迁徙中线的重要栖息地，有大量候鸟在此聚集。放眼望去，水平如镜，湖上烟波浩渺，水天一色。湖内是水鸟的天堂，有白鹭、苍鹭、灰鹤、丹顶鹤、天鹅、鸬鹚等10多个种群在此栖息。灰鹤列队相迎，白鹭在水面上翩翩起舞，给美丽的鹤鸣湖增添了无限生机。

　　作为一个旅游胜地，在这里可以凭小舟漂漂荡荡，欣然自乐；也可以乘情侣船独步伊甸园，体验一下芦苇荡寻鹤新奇；还可以乘兴踏上冲锋快艇，在浪花飞溅中挑战速度极限。

鹤鸣湖美景（一）

鹤鸣湖美景（二）

鹤鸣湖美景（三）

鹤鸣湖美景（四）

说一说，做一做

　　你知道在鹤鸣湖畔栖息的鸟类有哪几种吗？上网查阅一下它们的资料，在班里交流一下。

知识链接

鹤鸣湖的来源

　　鹤鸣湖前身是汤河水库，起源于牟山之麓，流经鹤壁、汤阴，最后流入卫河。汤河原名荡河，因水温微温故改名汤河，被鹤壁山城区人民称为"母亲河"。多年来，由于城市基础设施不完善，造成工业废水超标排放，生活污水外溢直排，致使汤河污染严重、河道淤塞。

　　2016年7月，山城区把治理汤河作为重大民生工程。计划用两年时间实施河道综合整治、流域内污染整治、水环境生态修复、沿岸生态景观建设等四个方面的工程，对汤河环境进行整体提升，让全区人民早日见到一个水清、河美、岸绿的新汤河。如今，汤河水库已经治理得水清、岸绿，飞鸟成群。

　　利用节假日，赶快去欣赏一下鹤鸣湖的美景吧！

鹤鸣湖美景（五）

鹤鸣湖美景（六）

鹤鸣湖美景（七）

鹤鸣湖美景（八）

鹤鸣湖美景（九）

鹤鸣湖美景（十）

赑屃传说

　　赑屃（霸下）即龙第七子，龟形有齿，气大好负重，常背负石碑于宫殿中，是长寿、吉祥、走鸿运的保护神。赑屃由最初的龟状（玄武）演变为龙头龟状，这也是民间流传很广的玄武形象。唐宋之前的赑屃头为龟形，状玄武，以后逐渐龙化，至明清纯为龙首，独角，角于头顶中生。

法隆寺——赑屃

在各地的宫殿、祠堂、陵墓中，均可见到赑屃背负石碑的样子。古代神话传说赑屃在上古时代常驮着三山五岳，在江河湖海里兴风作浪。后来大禹治水时收服了它，它服从大禹的指挥，推山挖沟，疏通河道，为治水做出了贡献。洪水治服了，大禹担心赑屃又到处撒野，便搬来顶天立地的特大石碑，上面刻上赑屃治水的功绩，叫赑屃驮着，沉重的石碑压得它不能随便行走。赑屃和龟十分相似，但细看却有差异。赑屃有一排牙齿，而龟类没有；赑屃和龟类在背甲上甲片的数目和形状也有差异。赑屃又称石龟，是长寿和吉祥的象征。它总是奋力地向前昂着头，四只脚顽强地撑着，努力地向前走，并且总是不停步。

小资料

传说龙生九子：老大囚牛（qiú niú），喜音乐，蹲立于琴头；老二睚眦（yá zì），嗜杀喜斗，刻镂于刀环、剑柄吞口；老三狴犴（bì'àn），形似虎，有威力，生平好讼，常见于古代牢门之上，震慑囚犯，民间有虎头牢的说法，是辨明是非、伸张正义的神兽；老四狻猊（suān ní），形如狮，喜烟好坐，倚立于香炉足上，随之吞烟吐雾；老五饕餮（tāo tiè），嘴馋身懒，好吃好喝，常见于古代烹饪鼎器上，夏商青铜器便可见饕餮纹，为有首无身的狰狞猛兽，是品尝美味、鉴赏佳肴的"美食家"；老六椒图（jiāo tú），形似螺蚌，性情温顺，常见于大门上，衔环守夜，阻拦小人，是求学、求子、升职的保护神；老七赑屃（bì xì）（霸下），龟形有齿，气大好负重，常背负石碑于宫殿中，是长寿、吉祥、走鸿运的保护神；老八螭吻（chī wěn），又名鸱（chī）尾或鸱吻，好张望，常站立于建筑物屋脊，作张口吞脊状，是宅院守护、驱邪纳福、安居乐业的神兽；老九貔貅（谐音"皮休"），又叫辟邪，生性凶猛，专吞金银，肚大无肛，只进不出，即能招财又能守护财富、掌握财运，是招财进宝的保护神。

小小考察员

同学们，让我们做一份调查表，对比鹤鸣湖治理前后的变化，从而感受家乡的变化，用我们的实际行动去爱护它。

诗歌赏析

将军湖

文 | 浪迹天涯

在这片古老的土地上，
历史绵延，古迹斑驳。
那个年代，
战火纷飞，硝烟弥漫，
伟人扬手，英雄辈出。
法隆寺，见证了石林会议的不朽功勋；
将军柏，留下了刘邓首长的静默凝思；
将军岗，铭记住将帅群英的雄韬伟略；
将军岭，回荡着英勇战士的呐喊激昂！

这线涟漪，
这行碧波，
这潭绿水，
这片湖泊，
倒映着将军柏的郁郁葱葱，
沉默着司令部的浩浩荡荡，
蕴藏着法隆寺的悠悠扬扬。

那一年，
首长在这里驻足凝神；
那一年，

战士在这里洗净疲惫！
清澈的湖水，
滋润了壮士干涸的喉嗓；
汹涌的波涛，
激发着英雄澎湃的胸膛！

几个月后，
将军离开了这里。
在这片宁静的湖畔，
留下他的足迹
和笑容。
带着奔腾的热情，
强渡
咆哮的黄河！

多年以后，
红色的旋律再度响彻云霄。
被人遗忘许久的湖水，
勾起后人崇敬的回想！
那条乌篷，
载过岁月，
流过年华，
可记得战士戏水时天真的笑声？
可载过战士游湖时纯洁的歌唱？

小树，
生机盎然；
石碑，
风华往昔！
我们，
静静地站在那座草亭旁，

凝望湖底，
寻觅沉淀的情怀！

踏着英雄的足迹，
沿着历史的斑驳，
顺着流淌的沧桑，
我们唯有向前！
哪怕蜿蜒，
哪怕坎坷，
哪怕泥泞！

未来，
迷茫
抑或辉煌。
我们
自己，
用信仰和忠诚回答！

路在脚下，
路在心上，
路在前方！
将军站过的地方，
永远
有力量
在燃烧！

梦在眼前斑斓，
号在耳畔嘹亮！
荡漾的波涛，
英雄的战场，

吹响你我驰骋的豪迈!

将军湖,

我们就从这里起航!

将军湖,

我们就从这里辉煌!

将军湖边的磨盘小路

将军湖边的沿湖小道

将军湖边码头

将军湖边的水车

将军湖边的草亭

第 四 章

红土名校·雏鹰起飞

　　石林中心校于1948年5月在石林会议旧址这片红色土地上开办，薪火代代相传，文明之风悠长深远。走过了几十个春秋，走进新世纪，石林中心校翻开了蓬勃发展的教育新篇章。

鹤壁市山城区石林镇石林中心校

前进中的石林中心校

2005年，由香港应善良基金会、台塑集团捐资，石林中心校异地新建，由会议旧址搬出。现学校占地11 316平方米，建筑面积2 640平方米。石林中心校拥有一支高素质的教师队伍，在课改大潮中涌现出了一批品德优良、业务精湛的师德标兵和课改先锋。学校现代化教学设施齐全，音乐室、图书室、实验室、美术室等功能室建设完善。

石林中心校校门

校园频道

你在录播教室上过课吗？说说你的感受吧！

2018年4月17日上午，鹤壁市山城区石林中心校面向所属教学点的专递课堂正式开讲。石林中心校高海娜老师执教的小学二年级音乐课，通过网络同步传递到马村小学和温家沟小学。一师多堂、三校同课的教学模式将有效解决农村教学点专业师资缺乏的问题，保证了所有教学点能够按照课程标准开齐、开足课程，使所有学生能够得到均衡发展和提升。

石林中心校录播室——专递课堂

专递课堂是指由拥有相对丰富教育资源的城区或乡镇中心校安排专职教师，通过网络和先进的信息化设施，同时给几个教学点的学生进行异地网络授课，让所有学生都能享受到优质教育资源，促进资源共享和教育公平。

专递课堂

包括石林中心校在内的农村中心校将全面优化整合所有校区的优质教师资源，集中优秀专业教师通过网络授课的方式，将专递课堂广泛应用于音乐、美术、英语等学科教学，做到"课表、进度、师资、辅导、考查、活动"六统一，为所有学生接受公平而有质量的教育提供保障。

红色底蕴　特色办学

红色的文化底蕴和独到的办学精神，更会成为一所学校的特色品牌。学校提出了创办一流现代化小学、造就未来高素质合格

我们的学校有这么多荣誉，真令人骄傲！你也快快努力，为学校增光添彩吧！

公民的办学目标，对全体师生提出"每天进步一点点"的成长目标，全面推进素质教育，着力打造艺术教育特色，秉持"每天收获一点点"的成长愿景，努力构建教师幸福工作、学生健康成长的精神家园。

校园频道

石林中心校一贯注重因材施教和素质教育，以全新的理念、务实的态度、科学的管理狠抓教师队伍的建设和规范学生的行为习惯。中心校被中国教育学会命名为"安全教育示范校"，被河南省教育厅命名为"首批农村中小学现代化远程教育教学应用示范校"，被鹤壁市教育局命名为"数字化校园应用示范校""实验室建设示范校""鹤壁市第六批语言文字示范校"等。

文化兴校　氛围浓郁

学校非常注重校园文化建设，校园的道路两旁设置了校园文化之窗，展示着学校师生蓬勃的精神面貌和学校的多彩活动。校园的文化墙、教学楼和楼梯文化都让学生时刻发现美、感受美，校园的每个地方都给人以心灵的启迪和精神的洗礼。

石林中心校校园文化一角

这里三季有花，四季常青，林木葱郁，书声琅琅。师生置身其中，精神愉悦，心情开朗。优雅舒适的校园环境，体贴周到的人文关怀，丰富多彩的教育活动，温馨浪漫的艺术氛围，在这样的学校里，学生永远是纯真的、快乐的、美好的。在文化兴校、内涵发展的道路上，石林中心校以红色文化传承、优秀办学传统、科学办学理念收获了丰硕的教育成果，开创了良好的农村教育新局面。

石林中心校生态校园

德育小故事

王冕画荷

明代有个大画家，名叫王冕，最擅长画荷花。许多人为了获得他的荷花画，都不辞辛苦从老远的地方赶来。

王冕小时候很贫穷，白天替人放牛，晚上自己学习。

有一天，王冕在湖边放牛时忽然下起一阵雨。一会儿雨停了，湖里的荷花和荷叶却被雨水冲洗得非常干净。王冕看了非常喜爱，便想把它画下来，于是赶紧用身上的一点零用钱买了纸和笔开始作画。起初画得不怎么好，可是王冕并不气馁，仍然不停地画，最后终于越画越像，就跟真的一样。王冕便把荷

花画拿去卖，卖了钱拿回家孝敬母亲。王冕因为荷花画得很好，许多人争着要买，他的名声也渐渐远播，终于成为一个全国有名的大画家。

任何一个专家都是由不会变成会的，而专家之所以能成为专家，就在于他比常人花了更多的时间去学习。学习的时间愈长，下的功夫愈深，所学来的也就愈精。王冕并不是天生就会画荷花，而是长时期不停地画，画得不好再画，一直画到像了为止。因此，我们不论学习还是做事，都应该具备勤奋不懈的精神。

活动与实践

1. 在我们校园走一走，感受一下校园的美丽，和同学们说一说，看谁的眼睛最明亮。

2. 写一写或者画一画，看谁笔下的校园最生动美丽。

多彩校园

　　石林中心校秉承红色传统，革故鼎新，锐意进取，积极开展丰富多彩的校园活动，让学生愉快学习、快乐生活，形成个性鲜明、情趣高雅、生动活泼、独具特色的校园文化。丰富多彩的校园活动创建了全面发展的育人环境，营造了民主平等和谐的校园氛围。既开拓了师生的视野，又诠释了学校发展的理念和特色。

石林中心校升旗仪式

红色基因　弘扬传承

　　"弘扬革命先辈精神，做红色基因传承人。"依托红色资源，以红色旧址为课堂，以红色史料为教材，以红色文化为载体，让学生走进红色历史，感受红色教育的丰富内涵，使他们的情感得到升华、行为得到内化，逐步树立起伟大志向，学会做人、学会做事、学会学习，把红色精神作为一种宝贵精神财富，在校园传承下去。

石林中心校德育教育活动

活动纷呈　全面发展

石林中心校始终注重秉承面向全体学生，注重个性发展，贯彻以审美为核心的教育理念。文艺汇演和运动会已成为学校的传统，从几十年前的淳朴简单到现在的丰富多彩，都是为让学生充分体现个性能力，实现自我价值，逐步提高学生的艺术素养和审美能力，不断加强体育竞技，使学生增强体质，让学生从文艺体育活动中真正受益。

石林中心校六一文艺汇演

石林中心校学生参加扶贫演出

石林中心校学生参加市"讲故事"比赛

石林中心校学生参加市"演故事"比赛

校园频道

　　为促进学生身心健康，营造积极向上的校园精神风貌，2018年3月12日下午，陈氏通背拳进校园仪式在山城区石林中心校举行。出席仪式的有鹤壁市陈氏通背拳研究会主席陈保江、陈氏通背拳18代传人陈传信和山城区教育局相关人员。启动仪式上，陈氏通背拳18代传人陈传信介绍了陈氏通背拳的渊源，学校给陈保江主席颁发了聘书，陈保江主席给学校授牌。仪式结束后，陈氏通背拳的教练们现场表演了通背拳、九节鞭等精彩节目，赢得师生的阵阵喝彩。

鹤壁市非物质文化遗产——陈氏通背拳进校园

课余生活　丰富多彩

　　2012年，石林中心校在鹤壁市文明办和山城区文明办、教育局的指导下，建成了乡村少年宫。少年宫里设有舞蹈室、琴室、美术室、手工室、电脑室等功能室和室外乒乓球、地掷球、篮球等场地。学校把提高学生审美情趣、发展学生个性特长、丰富学生课余生活、增强学生个体信心、培养学生兴趣爱好作为目标，利用学校的教学资源，在课余时间和节假日开展一系列课外活动，让农村学生享受到丰富多彩、形式多样、寓教于乐的教育活动，实现快乐学习、全面发展、健康成长。

丰富多彩的乡村少年宫活动——电子琴小组

健康有益的校园文化活动不仅培养了学生的爱好特长，而且使学生的生命个性得以张扬，使校园充满勃勃生机。我们相信，通过全体师生的不懈努力和追求，石林中心校将不断焕发恒久的魅力。

丰富多彩的乡村少年宫活动——舞蹈小组

石林中心校留守儿童之家

油灯的光芒依旧

一名学生因为怕麻烦老师，所以总是不敢问问题。

这位老师非常细心，经过长时间和学生的相处，终于发现了这个现象，就问他原因。

学生说："老师，很抱歉。我很想请教您，但想到我已经麻烦您许多次了，就不敢再去打扰您了！"

老师想了想，对他说："你先去点一盏油灯。"学生照做了。

老师接着又说："再去多拿几盏油灯来，用第一盏灯去点燃它们。"学生也照做了。

这时老师笑着对他说："其他油灯都是用第一盏灯点燃的，但是第一盏灯的光芒有损失吗？"

学生回答道："没有啊！"

老师又对他说："和你分享我所拥有的知识，我不但不会有损失，反而会有更大的快乐和满足。所以，有问题的时候，欢迎你随时来找我。"

活动与实践

说一说你参加过哪些活动，写一写或者画一画自己的美好经历吧！

展望未来的红星

　　红色的历史渊源，使石林中心校成为一所开展爱国主义教育、革命传统教育的特色学校。学校充分利用石林本地的红色资源和红色文化，通过主题鲜明、内容丰富的德育活动，并定期举行红色研学活动，使学生都能有所体验、有所感悟、有所收获，传承革命传统，陶冶道德情操，充实精神生活，形成红色道德。

红色研学旅行——石林会议旧址

红色文化教育人

　　石林中心校不仅拥有红色历史的基因，还有图书室、电教室、实验室、文明之花少先队大队部、文化墙、板报、校园文化等，这些都蕴藏着丰富的红色教育资源。学生足不出户便可学到许多知识本领，受到潜移默化的教育，这些都是红色教育的魅力使然。

　　通过红色文化进校园，让学生感受历史、接受教育，真正懂得今天的幸福生活是先烈们用鲜血和生命换来的，必须倍加珍惜。从而激发学生爱祖国、爱家乡、爱学校的热情，使他们把个人的成长进步同中国特色社会主义伟大事业，同祖国的繁荣富强紧密联系在一起，为担负起建设小康、构建和谐社会的光荣使命做好准备。这也是学校开发课程资源、打造红色校园文化、形成特色

教育的一大举措。

红色研学旅行——刘邓首长旧居

校园频道

在这次活动中你有什么感受，同学们相互说一说。

清明节是我国人民悼念逝者、寄托哀思、缅怀先人和烈士的传统节日。为了缅怀先烈，为了纪念这个有着深远意义的日子，加强对学生的爱国主义和集体主义教育，培养学生热爱祖国、热爱家乡的情感，引导学生树立正确的世界观、人生观、价值观，学校每年都要开展纪念革命先烈的清明节主题教育活动。这一活动宣传了革命先烈的光辉事迹，对学生进行了充分的革命传统教育，鼓励学生继承先烈遗志，奋发学习，立志成才，爱国爱乡，报效祖国。

缅怀烈士

向烈士敬礼

继承先烈遗志

形式多样的红色教育活动

红色研学造就人

　　2016年12月2日，教育部等11个部门印发了《关于推进中小学生研学旅行的意见》（以下简称《意见》），要求各地将研学旅行纳入中小学教育教学计划。《意见》颁布以来，研学旅行在全国各地迅速开展起来，成为旅游业的一股生力军。

红色研学——向国旗敬礼

为进一步践行社会主义核心价值观，贯彻"学思结合、知行合一"的教育理念，引导学生学习革命历史，传承红色基因，激发学生对党、对国家、对人民的热爱之情，学校定期组织师生到石林红色教育基地开展红色研学旅行活动。

学生换上军服，戴上军帽，精神焕发，开启了他们的红色研学之旅，来到石林会议旧址和旧址纪念馆参观学习。一个个感人的故事、一张张真实的图片，深深感染着每一位学生。他们听完讲解员的介绍，坚定地说："要是没有革命先辈，就没有我们今天的幸福生活。我一定要好好学习，不怕困难，长大做一名对社会有贡献的人。"

挺进广场入队宣誓

红色研学之旅让学生走出了校门，开阔了视野，亲身感受了先辈们坚韧不拔、战胜一切困难的革命精神，在以后的学习和生活中践行理想信念和爱国主义精神，做新时代的好少年。

德育小故事

一日千里

欧阳修是北宋时期的大文学家。传说，他的好友钱惟演在洛阳做官的时候修了一所驿舍，请谢希深、尹师鲁和欧阳修三人各写一篇记叙文。文章都很快写成了，谢希深写了700个字，欧阳修写了500个字，而尹师鲁的文章语言精练、结构严谨，只有380个字。年轻的欧阳修觉得尹师鲁的文章写得非常好，当天晚上便向尹师鲁求教。尹师鲁对他说："写文章要避免结构松散、语句冗长。您的文章虽然写得好，但结构不够严谨，语言不够精练。"欧阳修认识到自己文章的缺点，接受了尹师鲁的建议。他一字一句地仔细推敲，重写了一篇文章，不但比尹师鲁的文章更精练，少了20多个字，而且内容更加完整和丰富。尹师鲁看了，觉得这篇文章一个字也不能更换，便对人说："欧阳修进步真快，实在是'一日千里'啊！"

同学之间经常在一起讨论切磋，能起到取长补短的作用。通过讨论的方式来学习，对每一个人都很重要。

活动与实践

你参加过这些活动吗？你希望以后参加更多这样的活动吗？从现在开始，从小事要求自己，做一名优秀的少先队员，做活动里的先锋吧！

诗歌赏析

我喜欢红色

文 | 纪文涛

我喜欢红色。
喜欢心灵里敬仰的红色，
喜欢能打动我和
给我动力与力量的红色。

我喜欢红色。
喜欢石林会议内涵的红，
喜欢红色军旗张扬的红，
喜欢胸怀天下脸庞的红，
喜欢普度苍生心灵的红。

我喜欢红色。
红色里有我凝望的高度，
红色里有我追寻的信念，
红色里有我百思不得其解的答案，
红色里有我百看不厌的红色旧址。

我喜欢红色。
我愿在我喜欢的红色里，
重温那个年代的革命历史；
我愿在我喜欢的红色里，
缅怀那些为了中国的劳苦大众

抛头颅洒热血的英烈们；
我愿在我喜欢的红色里，
时刻铭记那些
为了砸碎压迫的桎梏和牢笼，
建立一个新中国的丰功伟绩。

他们的红是别样的红，
他们的红是厚重的红。
我只能在我喜欢的红色里，
接过他们的薪火相传，
接过他们的信仰之炬。

在我喜欢的红色里，
扛起他们用鲜血浸染的旗帜，
坚守他们用理想铸就的钢铁长城。

在我喜欢的红色里，
做好彰显红色的事业，
使红色的乾坤中
充满红红火火的日子。

第 五 章

五彩石林·乐水小镇

　　石林未来的发展将以石林会议旧址创建国家AAAA旅游景区为契机和核心，以红色文化为主线，以绿色石林（田园）、蓝色石林（水系）、金色石林（宗教）、青褐色石林（古村落）为支撑，联动全镇其他旅游资源，建设涵盖吃、住、行、游、购、娱、养、学、研等功能为一体的五彩石林全域休闲旅游目的地。

鹤鸣湖湿地

红色景区　特色石林

　　借着石林会议旧址入选全国红色旅游经典景区的契机，石林镇红色景区在各级政府的关心重视下，以红色旅游为引领，围绕创建"全国红色旅游示范小镇"的目标，全力建设"一线多点"精品旅游线路，不断改建、修葺、规划景区建设，石林镇的红色发展前景让每个石林人万分期待。

将军湖边的塑像

河南省汤阴县烈士陵园

整体规划 景区提升

石林未来的发展将以石林会议旧址为中心，对周边将军柏、将军岗、烈士陵园等红色景点进行整体打造提升，进一步提升景区建设管理服务水平，将石林建设成豫北地区最具影响力的爱国主义教育基地和红色旅游景区。

说一说

说一说石林以会议旧址为中心，周边都有哪些著名景区。

展馆升级 全新体验

石林会议旧址纪念馆将进行升级改造，包括原有展馆的修缮与扩建，以及陈展的再丰富。在原有会议旧址展馆的基础上，石林规划建设一个占地50余亩的拥军

同学们，你们知道红色石林红在哪里吗？

广场，并在广场上建有英雄群雕。还将新建一座晋冀鲁豫野战军驻地纪念馆，建筑面积约2 000平方米，一层框架结构，里面不仅有相关内容的橱窗陈列和展览，而且结合3D、IMAX播放影片，不但给人带来视觉享受的盛宴，更能加深对石林红色历史和红色文化的印象。另外将新建故事长廊一座，长度1 000米，以诗文、雕刻、雕塑、蜡像等艺术形态为表现形式，讲述红色革命发展历史。

民间小故事

火神爷四烧"牙"财主的传说

石林镇罗庄村北有个村叫王二岗，王二岗有个姓王的财主，王财主靠盘剥压榨穷人发了家。他有九顷水浇地，家有几十间楼房，河岸边有三盘水打磨。王财主喝旁人的血汗富得流油，还得了便宜卖乖，常常逢人就夸耀自己的豪华富有和超天的能耐："我有三盘龙拉磨，又有九顷不靠天，想叫我穷么，嘿嘿，除非天塌龙叫唤。"

玉皇大帝早就对王财主窝有一肚子意见："你盘剥穷人自己富，穷人饿死你不管，黎民百姓都死光了，我管谁去？"他正在生气，忽然有人上奏，说火神爷有事要觐见玉帝。原来，火神爷也听说了王财主的狂言，气愤得不行。

他上殿请求玉皇准许他下界给王财主一点颜色瞧瞧，看王财主有多少财产、多大能耐。玉皇大帝说："爱卿之言正和孤意，民间一句俗话说得好，老百姓都吃不上了，天将怎存？王财主压榨穷人，说话牙碜，冲人心扉，爱卿此番下去，教训王财主可不要忘记拉把一下穷人。"火神爷一一记在心间，正要下界，玉皇大帝又如此这般的交代一番。

火神爷下凡到人间的第一天，就把王财主的银子倒腾出来，散发给了穷人，又把他养牲口的天棚给点着了。在火神爷看来，这只是给王财主打个招呼，倒霉的事还在后边呢。可是，他忘了天上一天，凡间一年。正因为如此，王财主对银子失盗、天棚被烧毫不在乎，只是对穷人盘剥得更厉害了。他从盘剥的银子中挤出一点又搭了一个天棚，还是逢人夸耀自己如何如何富有，离了老天爷也照样舒服一辈子之类的话。

且说第二天，也就是人间的第二年，火神爷因为有其他事，就让小白龙替他代劳。小白龙来到凡间，先变作一个凡人，收集了一些王财主银子被盗、天棚失火倒塌的反映，然后变作一条七寸长的小白蛇，在王财主庄园内爬来爬去，并高声叫唤。恰巧王财主这天不在家，他家里的人和街坊邻居都看见了，甚是奇怪。等王财主回来后，家里人就把白天见到的新鲜事告诉了他，谁知他听后不以为然地笑了笑，还是像往常一样神气。这时，有个过路的正好路过这里，听见了人们的议论，这人无奈地摇摇头，叹了口气，便一声不响地走了，这人就是小白龙。

小白龙回到天上，就把下凡前后的一切见闻都告诉了火神爷。火神爷听罢小白龙叙述，知道王财主仍趾高气扬，狂妄得不知天高地厚，气得七窍生烟，决心再给王财主点厉害看看。第三天，也就是人间的第三年，火神爷黎明便降落到王财主家，使了一个魔法，把王财主金柜中的银子全部倒腾了出来，散发到方圆几十里的穷人家中。接着，他又来到王财主的后院，一把火点着了柴草垛。事也凑巧，天又刮着西北风。风借火势，火助风威，大火越烧越旺，逐渐蔓延到整个庄园。王财主急忙让家里所有的人去救火，自己随手掂起一个铜盆，手中操着的水烟袋跑到大门口，敲盆喊邻居帮助救火。街坊四邻正在梦中，听到"救火"的喊声大吃一惊，慌忙起床，拎桶拿盆往外跑。当听清是王财主的声音后，又一个个钻进了被窝。他们恨王财主平时盘剥穷人，使许多乡亲倾家荡产、妻离子散，这场大火烧得过瘾解气。也有个别人站住脚远远地看热闹。只有王财主家的人，掂桶的掂桶，提罐的提罐，端盆的端盆，来来往往，忙得不亦乐乎。谁知火神爷放的是神火，凡人不泼水救火还自然燃烧，一泼水火焰更大了，火苗呼呼地往上蹿。再加上有风助威，功夫不大，王财主偌大一个庄园，青砖蓝瓦几十间楼房只剩下一堆瓦砾废墟了。

王财主的肚量还算真大，对这次家遭天火没有唉声叹气。相反，他挖出地下钱池子里的银子和铜钱，收回租子，要回别人欠他的债，咬了咬牙，又卖掉四顷地，让人照他原来的老庄园重新修盖。不到半年，一座和原来一样的老庄园又修建好了。王财主住进新房后，神气不减当年，他还像以前那样，手握水烟袋，仰靠在太师椅上，对外人炫耀自己的能耐："五顷水浇地，三盘龙拉磨，离了老天爷，照样能生活，再过三五年，和玉皇大帝差不多。"

火神爷这次听闻王财主还像过去那样目中无人、神气十足，而且变本加厉地盘剥穷人，反倒不像以前那样暴跳如雷了。他冷笑道："这个人说话办事还是牙磣心狠呀。哼！打生不如恋熟好，我再去他家走一遭。"于是又来到王财主家，一把火又把王财主家的庄园烧了个精光。

王财主和火神爷的脾气一样，倔强得很。明知道是咋回事，也不去火神庙上供烧香，哀求放他一马。他为了给自己装门面，就又卖了三顷地，两盘龙拉磨，把全部积蓄拿出来，请人照以前的老庄园又盖了一个新宅院。

火神爷得知王财主盖房将要完工的消息，急急赶来，没等王财主住进新庄园，一把火又把新庄园烧了个精光。

王财主确实是个卖掉老婆孩子吹牛皮的怪人，没等脸上的泪痕被风吹干，就又把家中的金银首饰和剩下的那二顷地以及还有最后一盘龙拉磨卖掉，凑钱借款又盖起新庄园来。火神爷呢，也真和王财主较上了劲，好端端的新庄园，一把火又给王财主丢下一堆灰烬。

王财主就这样破产了。他吹不吹了呢？没人知道，只是听人说经过这几次折腾，他害了一场大病，至此就再也没有起来。为什么不说没起来床呢？因为，凡是木器都给火神爷烧光了。当然了，王财主再也不能盘剥压榨穷人了。

小小考察员

请大家沿着石林红色旅游线路去走一走，收集一些你喜欢的红色小故事和红色诗文，在班级里交流一下吧！

生态观光 五彩石林

石林不仅有红色的人文景观，还有着丰富的自然生态景观。在各级政府和有关部门的支持下，结合鹤鸣湖、石林水库群等生态景观，全面建设石林的生态旅游体系。可以让每一个到石林来的人，在了解石林红色历史的同时，感受石林的自然生态景观。

知识链接

鹤鸣湖畔的黄金岛

阳春三月步入石林镇鹤鸣湖景区，遍布湖畔周围的油菜花竞相绽放，满眼金灿灿的花朵。清风吹来，一阵阵油菜花香扑鼻而来，阳光下蜜蜂忙着采集花粉，游人忙着在油菜花中拍照留念，一派和谐、温馨、喜人的画面。

鹤鸣湖畔的油菜花（一）

鹤鸣湖畔的油菜花（二）

做一做

春天，让我们带上家人，一起去鹤鸣湖畔欣赏黄金岛的美景，一起合个影吧！

石林水库群

石林水库群主要包括滨湖花园、人工生态湿地、水上乐园等。目前，滨湖花园已经基本建成，人工生态湿地和水上乐园正在筹备建设中。

石林水库

石林人家

石林人家主要以农家乐、采摘园、水上垂钓、泛舟湖上为主，结合餐饮、住宿、耕种等石林特色，让游人们在游中玩、玩中感，深切感受石林生态之美。

知识链接

百亩桃园

美丽的鹤鸣湖畔有一片桃园，每到三月，桃花盛开，粉粉点点，芳香沁人心脾。

百亩桃园

每到六月，这里一片生机勃勃，树上挂满了新鲜美味的桃子，这就是鹤鸣湖产业扶贫基地——旭鸿果木种植农民专业合作社的百亩桃园。这里的桃子品种优良，不打农药，不催熟，纯绿色生态有机产品，平均单果重260克，最大果重350克，个大味美，好吃不贵，适合全家出游采摘，体验收获的喜悦！

看着这些诱人的桃子，你有什么感想？

山城区产业扶贫基地

活动与实践

六月，让我们一起去鹤鸣湖畔的百亩桃园采摘桃子，体验一下劳动的快乐和丰收的喜悦吧！

石林频道

2018年4月1日，鹤鸣湖畔桃花粉粉点点，布满山坡，湖水温柔恬静，碧波荡漾。山城区鹤鸣湖首届桃花文化旅游节在此隆重开幕，数千游客齐聚鹤鸣湖，在和煦的春风中游湖、踏青、赏花。

除赏花游湖之外，主办方还为游客们准备了缤纷多彩的娱乐节目。"千人桃花宴"让游客品尝地道的农家菜，品美酒"桃花醉"；众多摄影爱好者齐聚鹤鸣湖赏花采风，用镜头定格鹤鸣湖的春季美景……

山城区鹤鸣湖首届桃花文化旅游节

知识链接

柏乐村的由来

　　现在的石林镇柏乐村在南宋年间并无此村，只有一处叫柏落寺的大寺院，住着十几个念经诵文、安分守己的和尚，寺里香火旺盛。有一天，来了一位身大腰粗、恶眉凶眼、头大如斗、武艺高强的云游和尚，想霸占此处落脚。他的铁头功甚是厉害，能把石头碰碎。他来到寺院里故意找茬。主持大怒，喝令众僧把他轰走，谁知十几个和尚却被铁头和尚三拳两脚打翻在地。铁头和尚又飞身朝主持撞去，主持惨叫一声，当场毙命，其他小和尚见状四散而去。这样，寺院便被铁头和尚霸占了。铁头和尚又招进十几个不务正业的泼皮冒充和尚，他们半僧半俗、偷鸡摸狗、欺男霸女，四处骚扰。周围村子里的人又惊又怕，纷纷到汤阴县衙告状。

　　县太爷派几个班头去捉拿和尚，可是均有去无回，弄得他也心惊肉跳。

与岳飞一起抗击金兵路过宿营的大将牛皋听说后，很是气愤，决心为民除害，便带了几个骑兵小校来到柏落寺。铁头和尚闻讯，骑马带枪，率众"和尚"出寺院迎战。牛皋举起一对镶铁铜朝那和尚头上砸去，却震得两手发麻，而和尚的头竟毫毛未伤。那和尚又用头超牛皋的马撞去，马应声摔倒。牛皋从马上跳下，撒腿跑向小校，如此这般地交代了一番，便换了一匹马，上得阵来。铁头和尚又去撞马头。牛皋急勒马缰，只听"咚"的一声，铁头和尚一头扎进了牛皋预先准备的口袋。众小校蜂拥而上，活捉了铁头和尚。附近村民听说抓住了铁头和尚，敲锣打鼓隆重庆贺，附近几户人家居住的地方也取名为柏落村。因为"落"没有"乐"这个字写着顺手，时间长了成了欢乐的"乐"了。

休闲度假 魅力石林

　　石林红色经典旅游的发展在依托石林会议旧址的同时，还将全面发挥石林生态环境优势，努力打造石林"体验式旅游"模式。结合石林镇特色，按照"吃石林饭、听石林课、看石林戏，学石林话，过石林节"流程，安排一站式体验项目，可以使人在了解石林红色革命历史的同时，实实在在地体验石林生活，更加深刻地了解石林，从而爱上石林。

石林景点

做一做

　　同学们，让我们一起说一说石林话、唱一唱石林戏、尝一尝美味的石林饭吧！

采摘体验

位于鹤鸣湖扶贫产业园的山城区扶贫创业小区正在建设中，主要以种植食用菌为主，有香菇、花菇，同时种植平菇、金针菇、白灵菇、猴头菇、灵芝菇等广受人们喜爱的菌类产品。

将军湖畔已建成两个高标准的大棚，北边的大棚种了草莓，南边的大棚种了有机蔬菜。大棚外面的田地里还种植了彩色大白菜，这可不是普通的白菜，菜心是彩色的，不仅好看，而且美味健康。目前这种白菜还处在试种阶段，随后会扩大规模。

有机蔬菜

蔬菜大棚

另外，西酒寺村的火龙果采摘园计划建设40亩温室大棚，目前已经建好两个。大棚里种植了火龙果，火龙果长势喜人。

位于鹤鸣湖畔西酒寺村的火龙果种植园

省级青少年户外活动基地

在美丽的鹤鸣湖畔，山城区鹤鸣湖青少年户外体育活动营地正在建设中。这是一个集教育、体验、素质拓展、学习、娱乐等多功能为一体的户外活动基地，是省级青少年户外体育活动营地。

省级青少年户外活动基地（一）

省级青少年户外活动基地（二）

古柏商业街区

　　石林街规划建设古柏商业街区，长度为1 000米，两侧房屋建筑采取仿古样式，建筑面积约10 000平方米。石林人可以在这条街上有自己的商铺，摆上自己生产的绿色农产品，还有具有石林特色的手工艺品，如剪纸、字画、雕刻等。吸引了更多游人前来参观游览，让更多的人了解石林、爱上石林！

规划建设中的古柏商业街

刘邓大剧场

　　将要新建的刘邓大剧场是一个露天剧场，建筑面积约1 000平方米，主要举办红色旅游纪念品设计大赛、石林特色展销会、吟诗会等，为石林红色旅游的发展起到强有力的宣传作用。

规划中的刘邓大剧场

石林还将新建一座大型实景演出剧场，建筑面积约5 000平方米，一层框架结构，根据编排好的剧本设置室内场景、装修、灯光、音效、人员、舞蹈和演出等。我们将在自己的剧场内看自己的演出。游人前来，更会使他们完全融入其中，流连忘返！

石林将会变得越来越有魅力，一定会吸引千千万万的游客前来。亲爱的同学们，让我们努力学习，为建设我们的魅力家乡出一份力吧！

刘邓大剧场远景图（规划图）

同学们，你知道五彩石林中的五彩指的是什么吗？

释林人家

释林人家位于山城区石林镇石林会议旧址景区古柏街东段，是传统的农耕小院。为了展示石林当地传统的农耕文化，进一步丰富景区建设，山城区于2018年5月开始对小院进行修缮、布展，重点展示农耕文化、石林村发展史以及农家生活场景等。

释林人家（一）

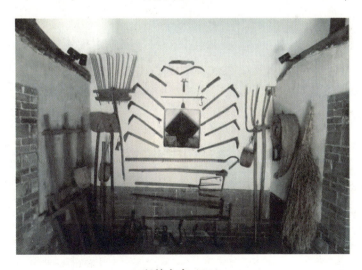

释林人家（二）

释林人家（三）

释林人家由两进院落组成。第一进院内主要展示新中国成立后农村春耕、夏种、秋收、冬藏的景象。其中，东间展示步犁、耙、播种楼、墩子等耕作农具，墙上图片展示的是施肥、耕地、耙地、墩地场景；正屋展示镰刀、叉、扫帚等收割工具，墙上图片展示的是割麦、打场、扬场等场景；西间展示拉车、犁地、播种等牲口配套用具。

第二进院由南屋和堂屋组成，南屋重点展示石林村村史及名人轶事，堂屋展示石林传统农家家居风貌。

走进释林人家，可以近距离感受农耕文化，亲身体验老式纺织和石磨加工工艺，回味当年农民劳作的苦与乐。

德育小故事

包拯拒砚

北宋年间，朝廷规定每年都要向皇宫交纳一定数量的砚台，或留皇室使用，或赐公卿大臣。当时的权贵、大臣、学士们都以家中存有几方端砚为荣。因此，历任知府为巴结权贵，都要向民间工匠和作坊无偿索取比进贡数量多几十倍的砚石，弄得民不聊生，怨声载道。

包拯到任后，翻阅前任文卷，发现上任知州额外征收端砚太多。按朝廷进贡的要求，每年要供奉八方。可在上一年的登记中，写的是"三十又六方"，比朝廷的要求高出数倍。包拯十分惊讶，当即询问原知州的下属官员。

官员们皆异口同声地说："大人，你哪里知道，前任知州为贿赂当朝权贵才大手大脚啊。"包拯诙谐地说："对待权贵，恐只能小手小脚吧？"于是他下令：按朝廷规定，进贡之端砚每年只做八方。

一日，一个富商亲临州府，送包拯一方石砚，说道："大人每日鞠笔耕耘，急需上砚。现送得一方，呈与大人，以为万民造福。"包拯说："我这多年皆用普通石砚，如此高贵的，当呈圣上所用，我用则糟蹋了。"说罢，他坚辞不受。

包拯常说："廉者，民之表也；贪者，民之贼也。"后来，又有人来送端砚，他开着玩笑拒绝说："如今我来到产端砚的端州，便收端砚；明日去产金的金岭，又受金子，我岂不成了天下鼎鼎富有的珍玩大盗吗？"直到庆历三年（1043），当他即将离任时，当地精制一方好砚，赠给他作纪念，他也婉言谢绝，"不持一砚归"。因此，人们奔走相告，盛赞包拯为官清明。

小小考察员

作为石林的小主人，你会用怎样的方式向四海宾朋介绍五彩的石林呢？请为石林代言吧！

诗歌赏析

雨洒鹤鸣湖

文 | 汤水粼波

春天的雨，
淅淅沥沥、细细蒙蒙，
喧闹许久的鹤鸣湖此刻平添了几分静谧和幽雅。
密密麻麻的雨滴在宽阔的湖面，
溅起层层涟漪，
又在视野渐渐消失。
伫立在静默的码头，
任风儿吹，
任细雨飘，
任思绪飞。
水雾缭绕的前方，
可有我梦寐以求的向往？！

典雅的画舫停泊在清静的湖岸，
精致的乌篷漂泊在幽宁的港湾，
金黄的油菜花在风中轻盈地摇曳，
古朴的小木屋在雨里安详地沉思。
没有歌谣，
没有舞蹈，
放慢轻轻的步履，
凝望漫漫的湖水，
倾听沥沥的雨落。

雨洒鹤鸣湖的呢喃声，
宛若合着心跳的节律共振同鸣，
沉迷陶醉，悠然不知雨淋裳湿。
呼吸着清新的风，
沐浴着温馨的雨，
妖娆妩媚的鹤鸣湖呀，
是我一个人的风景。
我敞开胸怀，
拥抱天地之中无穷的苍茫；
我畅游鹤鸣，
亲吻波涛之间无尽的浩荡！
风雨中，
岁月静凝，
思绪飘零，
我凝思着站成永恒！

在水墨淡雅的丹青里，
大片大片虚无缥缈的空白
把我深深掩埋。
在繁华褪尽的落寞里，
捧一掬我的鹤鸣湖水，
倒映出我含泪的眼眸
和执着的脸庞！
孤寞的鹤鸣湖呀，
在没有人陪伴你的日子里，
我默默地和你静聆风雨、同赏碧波。
抬望眼，水色一天的远方，
可有我孜孜以求的梦想？！

画舫停泊在湖岸上

湖面上的飞鹤

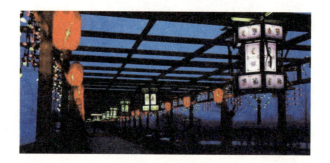

鹤鸣湖畔的长廊夜景

夕阳下的鹤鸣湖

第 六 章

富美山城·魅力家乡

    山城区位于河南省鹤壁市中北部，地处太行山东麓，南临淇滨区，北靠国家历史文化名城安阳市，东接汤阴县。山城区历史悠久，文化底蕴深厚；土地、矿产、水资源丰富；环境优美，交通便利，区位优势明显；教育、旅游等各项社会事业蓬勃发展。

山城街景一角

山城历史

　　山城区总面积176平方千米，总人口35万人。

　　公元前510年，齐桓公在鹤壁山城区设中牟邑。公元前423年～公元前386年，战国七雄之一的赵国在辖区鹿楼乡故县一带的中牟建都39年，共历献侯、刘侯、武公、敬侯三代四君。殷商皇家鹿场遗址、故县汉代冶铁遗址、后营汉墓区、寺湾宋元古瓷窑遗址等，都集中反映了山城区厚重的历史文化沉淀。

赵都时期

我们家乡的历史好悠久啊！

　　公元前423年～公元前386年，山城区是赵国首都。赵王献侯即位后迁都到中牟（鹤壁山城区），为赵国逐鹿中原、东争齐魏奠定了地理战略基础。山城区作为赵国首都历经桓子、赵献侯、赵烈侯、赵武公、赵敬侯共39年的整合，为赵国之后进取河北平原、攻灭中山国、拓展西北疆域和定鼎邯郸打下了坚实的基础。

赵都遗址（一）

赵都遗址（二）

市府时期

山城区建于1961年12月8日，其前身是政社合一的山城人民公社。1959年1月，市党政机关自中山地区迁入山城区的红旗街，从而成为鹤壁市党政机关所在地。到1999年搬至淇滨新区，历时40年，形成了全市的政治、经济、文化中心。

20世纪60年代红旗街第一座中心岗楼

市辖区时期

1999年至今，山城区辖5街道1乡1镇，包括红旗街道、山城街道、鹿楼街道、汤河桥街道、长风中路街道、鹿楼乡、石林镇。2010年，石林乡撤乡建镇。2012年，省民政厅批复撤销鹿楼乡，设立宝山、大胡两街道办事处。宝山

街道办事处人口5.2万，办公地址设在原鹿楼乡人民政府；大胡街道办事处人口5.1万，办公地设在大胡社区。

交通便利区位优势明显

山城区南距新郑国际机场130公里，东距天津、青岛、连云港等港口500公里，北距首都北京475公里。京广铁路、京港澳高速公路和107国道纵贯南北，京广高铁在鹤壁设站，半小时到达郑州，两个半小时到达北京。连接河南和山西的范辉高速横穿东西。连接山西能源基地和山东出海口的晋豫鲁铁路在石林镇设立一级站点，该站点是晋豫鲁铁路和京广铁路交汇处唯一大型铁路编组站。

山城街景

资源丰富

山城区矿产资源已发现和开采的有煤炭、瓦斯气、二氧化碳、水泥灰岩、白云岩、麦饭石等30余种，其中煤炭储量16亿吨，金属镁主产原料白云岩储量10亿吨，水泥灰岩储量3.05亿吨。

廉政小故事

大禹戒酒

大禹一生俭朴，他为了治水，曾经三过家门而不入。一年春天，禹的女儿游春，半路上被一股特殊的香味吸引，寻香来到了一个叫仪狄的家里。

仪狄会用各种果品、粮食酿造出又香又醉人的美酒。大禹的女儿品尝后，感到浑身舒畅，便把仪狄请到王宫里酿酒，以孝敬治水操劳的大禹。有些人趁大禹不在，经常饮酒作乐，很多事情都被耽搁了。之后，大禹治水成功归来，品到女儿进献的美酒后，飘飘欲睡。酒醒之后，大禹感到喝酒容易误事，便召集臣子说："酒虽好喝，但难免会误事。"又断言："后世必有以酒亡其国者！"于是，他下了一道戒酒令，不准人们再酿酒、饮酒。这便是中国历史上第一道戒酒令。

仪狄回家后，舍不得他那套酿酒技术，并一代一代传了下来。商纣王为了饮酒作乐，专把仪狄的传人喊到王宫里酿酒，把酒装到花园里的大池中，把肉挂在树枝上，成天沉浸在酒色中，史书上称为"酒池肉林"。结果，商朝不久就亡了国。后人说："大禹戒酒传天下，纣王酗酒失天下。"

活动与实践

收集有关山城区发展的历史传说和典故，跟大家分享一下，看谁讲得最生动。

美丽山城

　　山城区位于鹤壁市东北部，依山起伏，碧水环抱。既有山林树木的葳蕤丰茂，又有城区楼阁的人烟阜盛。

枫岭公园

　　枫岭公园占地面积约1 603亩，2015年晋升为省级森林公园，每天来晨练遛鸟者数千人，年客流量40余万人次。自1959年建园起，已建成枫岭茗轩、福槛颐涟、丹心碧意、萤潭草坪、牡丹亭、鸟瞰亭、动物园、人工湖、芙蓉乐园、龙岗狮原等景区。枫岭公园因地制宜，依山造景，东部取土挖湖，西部埋山造林，形成了一个环境优美的现代化公园。

枫岭公园

枫岭公园八角亭

山城小故宫

大胡村李尚书府古建筑群位于山城区鹿楼乡大胡村幸福桥北桥头东侧，依汤河北岸，且被汤河及其支流三面环绕。整个建筑群古色古香、巍峨壮观，独具古朴风格和人文魅力，被当地村民称为小故宫。

同学们，请你为家乡的旅游发展设计广告语吧！

李尚书府坐北朝南，呈"囍"字结构，一条李家胡同纵贯南北，由五组九门相照楼院组成。

李尚书府北到后街，南到汤河，西到振兴街，东到铁路专用线，占地面积约3万平方米，有房屋1 500间，始建于明朝嘉靖年间，距今400余年。此外，其无处不在的砖雕、石雕、木刻、彩绘，在一砖一瓦、一木一石上都体现了古代的建筑艺术，令人赏心悦目。

李尚书府

汤河

汤河流经山城区，流经之处不止滋润土地，生长五谷蔬菜，更有工业文明的大力发展。山城人民依托汤河，借汤河之利发展煤炭工业、冶铁和制陶业。

山城的美景可不止这些，青山幽谷、长河大湖、街道园区，处处有惊艳新景。踏马观花，怎么能说得尽、道得完？如果你有意，请到山城来，山城在青山之中等待；如果你有心，请到山城来，山城在碧波之畔期盼！

汤河（一）

汤河（二）

德育小故事

李善乳主

在汉朝有一位叫李善的人，他忠实老成，当过李家的管家。建武年间，瘟疫横扫淯阳县，李府全家上下不幸都染上了瘟疫。短短的时间，一家老小都接二连三地过世了，只留下了万贯的家财和出生不久的婴儿——李续。

李家堆积如山的金银财宝，刹那间成了婢女和仆人争夺的对象。利字当头，他们铤而走险，随时都想杀害李家这个唯一的血脉与忠心耿耿的老仆，然后夺取所有的财产。

想起多年来，李元夫妇一直都把自己当成是李家的一分子，李善唯一能做的就是一定要保护小主人的安全。万般不得已之下，他想到放弃一切家产才能保护幼小的李续。于是他偷偷地收拾行李，伺机逃离李家。

他带着熟睡的李续连夜逃了出去，意志坚强的李善有着男子汉的坚定气魄，他刻苦耐劳，饥一顿饱一顿地生活下去。可是婴儿还那么小，他开始感到无助和忧虑。

李善跪在地上，不断地磕头祈求说："苍天啊！如果没有办法活下去，我怎能对得起主人在天之灵呢？"想不到几天之后，奇迹出现了，李善的双乳竟然流出了乳汁。山居的生活是常人无法想象的艰难。当李续还在褓褓的时候，不管大小事情，李善都会站在小主人面前恭敬地向他禀报，因为他把李家唯一的血脉看作是主人的化身，一样地尊敬他。所以他特别地教导小主人，希望李续能成为才德兼备的人，将来能重振李家门楣。

李续十岁的时候，李善决心为李家恢复家业，于是就来到官府去鼓申冤。县令了解了李善忠义的节操之后，为李家平反了冤情，收回了财产，谋害他们的仆人都受到了惩治，李善带着小主人回到了家乡。

县令把李善感动天地的事迹呈禀皇上。光武皇帝非常感动，于是就礼请李善来担任太子舍人这个要职，后又升为日南太守。

活动与实践

同学们，节假日跟着爸爸妈妈去欣赏一下家乡的美景，用你的画笔和文字描绘一下美丽的家乡吧！

富美山城

　　山城区有丰饶的矿产、新兴的经济，有时代的转型，未来将会变得更加文明、更加美好。

山城远景图

产业转型　促优升级

　　全力打造以红色旅游为引领，以鹤鸣湖生态旅游和传统古村落群文化旅游为支撑的旅游品牌，加快石林会议旧址基础设施建设；发展牟山园区南部片区生物制药和精细化产业；发展石林特色小镇，文化生态旅游和高效农业。

　　以前，山城区产值七成依靠煤炭，困于瓶颈。今朝，产业转型新业态、新模式，脉搏强劲。在搬迁、改造中建设，在做精、做强中发展。曾经一煤独大的山城区清洁破茧，化蝶振翅。

石林产业

乡村振兴 教育先行

实现教育振兴，教育均衡当先行。为了让农村学生能够享受到优质均衡的教育，山城区政府高度重视。山城区教体局加大力度，扎实推动教育均衡发展，在辖区范围内推动师资科学流动，优化教师资源配置，缩小城乡、校际之间的师资差距，缩小城乡学校教育水平的差距。

乡村振兴 农村富美

推动农村一二三产业融合发展，着力打造我省最大的优质化绿色蛋鸡养殖基地、豫北最大的种禽孵化培育基地、全省最具影响力的现代化畜牧机械设备制造基地，

家乡的变化日新月异，我好自豪啊！

推进石林镇乡村振兴示范乡镇和示范村建设，探索具有山城特色的乡村振兴之路。山城，恰如太行一颗绿珠，乡村富美，盛世新颜，引人折腰。

生态文明 环境美好

山城区新增绿化面积3 000亩，提升节能、节水、节地、节材、节矿水平。广泛开展绿色机关、绿色家庭、绿色学校、绿色社区等创建活动，建设资源节约型和环境友好型城市。

石林绿化鸟瞰图

落日下的汤河

　　这是一片古老而神奇的土地，生生不息，厚重博大。这里有一群勤劳而智慧的人民，在汤河之滨、天地之中耕耘奋斗，始终焕发勃勃的生机和活力。今天，迎着中华民族伟大复兴的曙光，肩负着更加出彩的光荣使命，我们再次扬帆远航，那曾激励我们跋山涉水的精神之火，必将燃烧得更旺、更靓丽！

德育小故事

闵损芦衣

　　春秋时期鲁国有个大孝子，姓闵，名损，字子骞，是孔子的得意门徒，七十二贤人之一。闵子骞年少时便死了母亲，父亲娶了后娘，又生了两个弟弟。后娘偏心眼，对自己亲生的孩子百般疼爱，对闵子骞却另眼相待。

　　可是，在丈夫面前她却装出一副慈母的模样，表示照顾闵子骞比亲儿子还好。有一年冬天。后娘给闵子骞做棉袄，里面絮的全是不值钱的芦苇花绒，看起来挺厚，其实一点都不暖和。她给自己的两个亲儿棉袄里絮的是棉花，看上去薄，其实非常暖和。闵子骞从不计较这些。

　　一千多年前的农历腊月廿四日，父亲坐车带他们兄弟三个外出，让闵子骞在前边掌鞭赶车。闵子骞在寒风中冻得发抖，失手把缰绳掉到地上，马车失去了控制。

　　父亲见到这种情形很生气，说："你这个孩子真没出息，穿得这么厚还打哆嗦！看你弟弟，棉袄比你的薄，也没像你冻得那个样子。"越说越上火，夺过马鞭子便向闵子骞身上抽去。这一鞭子一下把棉袄抽破了，里面飞出来的尽是芦花。

再捏捏另两个儿子的棉衣，心里明白了。父亲知道自己冤枉了闵子骞，大骂妻子不贤惠，决定休了她。闵子骞含着眼泪跪在父亲面前，哀求父亲不要休了后娘，说："母在一子单，母去三子寒。"

意思是休了后娘，两个弟弟将来也要受苦。闵子骞的话感动了父母，夫妻和好如初。从此，后娘对三个孩子也一样看待了。

活动与实践

小组合作，调查一下家乡山城的变化，列出变化清单，分享给更多的朋友吧！

诗歌赏析

山城寻梦

文/诗意石林

山城，
我的故乡我的家！
山城，
我的人生我的根！

这片古老的土地，
有过多少梦想，
有过多少向往，
有过多少飞翔，
有过多少辉煌！

牟山之水，
飞流成荡！
温泉毖涌，
易名为汤！
荡水悠悠，
汤河涓涓！
恩泽千古，
情漫万世！

汤河，
我的母亲河。

在清清的水里，
我在寻觅我儿时的笑声；
在静静的水里，
我在回眸我少年的疯狂！
水还在，
人还在，
青春不在，
愁绪疯长！

"我思肥泉，兹之永叹；
思须与漕，我心悠悠"。
唱着古老的《邶风》，
遥想昔时的春秋！

你独自去了远方，
余下缕缕的思念，
剩下汩汩的愁恋，
留下淡淡的诗篇。

水流华年，
风吹容颜。
独上城门，
西望牟山！
匆匆多年以后，
静默的牟山依然屹立，
清澈的汤水依然流淌，
雄伟的庄园依然厚重，
巍峨的寨门依然庄严！

汤河，
九曲十八弯，

蜿蜿蜒蜒曲曲弯弯；
武士，
征战南北方，
刀刀剑剑砍砍杀杀！

那一年的那一天，
武士征战路途，
抬望眼，见
小鸟叽叽，
小草青青，
小河弯弯，
小溪涓涓。
忽然，豁然开朗，
好似觅到心的港湾，
好似遇到梦的归处，
于是解甲归田，耕读传家！
六百年，
弹指一挥间！
六百年，
沧桑一笑叹！

震天的厮杀已经湮灭，
动地的呐喊已经沉寂！
传奇在历史里荡漾，
故事在口碑中沸腾！
陈氏通背拳，
可还留有永乐皇帝的
威武和彪悍、
英勇和骁战？

李尚书府，

锁尽多少繁华，
沉迷多少浪漫！
青砖蓝瓦，
雕栏玉砌，
在寂寥中沉淀奔腾的激情，
在寂寞里激荡灿烂的笑声！

用大红的灯将古路照耀，
用碧绿的树把旧府炫耀。
你迈着轻盈的步伐，
穿越庭院，
穿越历史，
能否
邂逅那年的柔情和华耀？

在青天
和黄土之间，
是英雄
用红色的鲜血，
把伟岸和豪迈
洒向人间，
染尽宇寰！

那年的壮举，
那年的风流，
说也说不尽，
写也写不完。
朴实的百姓，
用心碑
把历史凝固！

华北第一柏，
你叹过三监叛周的悲壮，
你惜过释林人家的慈念，
你赞过岳飞取枪的神威，
你掠过刘邓用兵的胆略！

两千年的风雨
把你滋润，
两千年的沧桑
把你浇灌，
在干涸和枯萎的长河里，
你尽显苍翠和挺拔！

九门相照，
中石林村浩浩荡荡的宅院，
尽展豫北乡绅官宦旧居的豪华气派、典雅幽深！
七十年前，
是英雄的足迹
让后人缅怀和铭记！

这一湖水，
隐匿乡野，
藏于民间！
当你无意中踏入湖畔的那一瞬间，
你会惊诧
上天把明珠遗落人间！
西湖美如西子，
此湖醉引鹤鸣！

秋阳西照，
玉树倒影；

孤岛静谧，
仙境迷蒙。
凉风习习，
碧波粼粼；
鸳鸯嘻嘻
灰鹤翩翩！
在山城有梦，
在山城筑梦，
在山城寻梦，
在山城追梦！

心在山城，
情在山城，
爱在山城，
梦在山城！

陈氏通背拳表演

山城夜景

鹤鸣湖夜景

后 记

　　一朵小花，自然有它的芳香艳丽；一滴露珠，能折射出太阳的光辉；一册校本，能反映出一个地方的风土人情、人文风貌……春的播种，才会有秋的收获。只有辛勤耕耘，才会硕果累累。作为石林人，如果不关心石林、热爱石林，那是石林人的悲哀；作为来石林的外地人，如果不了解石林、熟悉石林，就不会对石林产生多么深厚的情缘。

　　为了培养学生爱家乡、爱校园的思想感情，立足反映石林镇对红色文化的继承与发扬，促进石林镇的经济文化建设与发展，编者经过反复酝酿、查阅资料、实地考察、走访请教，吸收了很多有经验的前辈和同行的意见、建议，加上较长时间的积累、收集、整理、修改、编撰，编辑出这一册校本教材，为家乡石林教育的发展尽微薄之力。

教材编委实地考察

　　由于编写此校本教材时间紧、任务重，编辑小组的几位老师不辞辛苦，牺牲节假日收集整理编撰。从校本教材的封面设计、前言、目录、内容、后记到校对、插图等一系列工作，反复商榷。

　　在编撰过程中，一是编写水平欠之，经验不足；二是眼界和思维的局限，所以教材中疏漏和错误之处在所难免，敬请广大读者提出宝贵意见或建议，以期再版时日臻完善。

　　同时，对在该校本教材编撰过程中给予支持和帮助、关心和指导的同仁及领导表示衷心的感谢！

编　者
2019年1月